ro
ro
ro

Omar Saif Ghobash hat mit diesem Buch ein kurzes, höchst lesbares Manifest geschrieben, das seine Erfahrung als hochrangiger Diplomat mit seiner Verantwortung als Vater verknüpft. Die drängende Frage angesichts der gegenwärtigen globalen Krise, so Ghobash, lautet, wie moderate Muslime gemeinsam eine Stimme finden können, die dem Islam treu bleibt und sich gleichzeitig produktiv mit der modernen Welt auseinandersetzt. Während er diese und andere schwierige Fragen beleuchtet, ermutigt Ghobash seine Söhne – und alle jungen Muslime –, sich auch mit traditionell unbequemen Themen wie der Gleichstellung der Frau und der Homosexualität auseinanderzusetzen.
Dieses Buch ist eine klarsichtige Inspiration für eine neue Generation von Muslimen. Darüber hinaus gewährt es Einblick in eine Welt, die vielen fremd ist, und hilft, die Kämpfe zu verstehen, mit denen sich Muslime auf der ganzen Welt täglich konfrontiert sehen. Ein mutiger und persönlicher Text darüber, was es heißt, im 21. Jahrhundert Muslim zu sein.

Omar Saif Ghobash ist der Botschafter der Vereinigten Arabischen Emirate in Russland. Abgesehen von seiner Arbeit in Moskau ist Botschafter Ghobash Stifter des *Saif Ghobash-Banipal Prize for Arabic Literary Translation* und einer der Gründer des *International Prize for Arabic Fiction*, der mit Unterstützung des *Man Booker Prize* in London eingerichtet wurde. Botschafter Ghobash studierte Jura an der University of Oxford und Mathematik an der University of London.

Omar Saif Ghobash

«Es gibt keinen Grund zu hassen»

Ein liberaler Islam ist möglich

Aus dem Englischen von
Katja Hald

Rowohlt Taschenbuch Verlag

Die Originalausgabe erschien 2017 unter dem Titel
«Letters to a Young Muslim» bei Picador, New York.

Deutsche Erstausgabe
Veröffentlicht im Rowohlt Taschenbuch Verlag,
Reinbek bei Hamburg, Mai 2017

Redaktion Ana González y Fandiño
Umschlaggestaltung ZERO Media GmbH, München
Umschlagabbildung FinePic®, München
Satz aus der Bembo PostScript
bei Pinkuin Satz und Datentechnik, Berlin
Druck und Bindung CPI books GmbH, Leck, Germany
ISBN 978 3 499 63273 0

Meiner Mutter
für ihre aufopfernde Geduld
und Großzügigkeit.
Und meinem Abdullah
verspreche ich einen Roman.

Inhalt

Anmerkung des Autors

Aus Respekt vor dem Propheten Mohammed ist es üblich, nach der Nennung seines Namens die Worte «Friede sei mit ihm» oder eine Variante dieses Segenswunsches hinzuzufügen. Gedruckt wird dies zu «Fsmi» abgekürzt. Da es sich im Folgenden um Briefe handelt, gehe ich davon aus, ihre Leser fügen die Worte entsprechend ein.

Vorwort

Ich habe zwei Söhne. Mein älterer Sohn, Saif, kam im Jahr 2000 zur Welt, mein jüngerer Sohn, Abdullah, im Jahr 2004. Ihre Gegenwart hat meinem Leben einen Rahmen und eine Struktur gegeben. Obwohl ich auch als Junggeselle an eine Bestimmung glaubte, habe ich durch meine Kinder und meine Frau einen noch weitaus größeren Sinn und Zweck für mein Leben entdeckt. Während ich mich als Junggeselle nur um mich selbst zu kümmern brauchte, hat die Gründung einer Familie ein Verantwortungsgefühl und eine Ausgeglichenheit mit sich gebracht, die ich mir so niemals hätte vorstellen können. Übernimmt man die Verantwortung für eine eigene Familie, tritt man automatisch einen Schritt von sich selbst zurück und erkennt, dass es auf der Welt Menschen gibt, die mehr Anspruch auf die eigene Zeit und Energie haben als man selbst. Die Existenz meiner Kinder bildet inzwischen die Grundlage für mein Handeln in dieser Welt. Sie sind auf Schutz und Führung durch ihre Mutter und mich angewiesen, und so empfinde ich ihnen gegenüber ein unermessliches Pflichtgefühl. Ich habe zwar immer schon geglaubt, unsere persönlichen Überzeugungen und Ansichten seien von einem gewissen Interesse, hielt sie aber nie für wirklich maßgeblich. Ich dachte, die Dinge würden sich mit der Zeit auch von selbst regeln und alles würde gut. Nun, da ich Kinder habe, hat sich mein Blickwinkel auf die Welt jedoch deutlich erweitert. Es ist mir extrem wichtig, was in der Welt passiert und wessen Ideen das Geschehen dominieren. Ich habe erkannt, dass meine Verpflichtung, Schutz und Fürsorge zu gewähren, weit über meine eigenen Kinder hinausgeht. Sie erstreckt sich vielmehr ganz allgemein auch auf all diejenigen, denen die Mittel fehlen, ihr Leben selbst in die Hand zu nehmen, und die dementsprechend auf andere sowie auf die Strukturen unserer Gesellschaft und Gemeinschaften angewiesen sind.

Ich bin Botschafter der Vereinigten Arabischen Emirate in Russland. Meine Heimat befindet sich an der Spitze der Arabischen Halbinsel, südlich des Iran, im Osten Saudi-Arabiens. Früher setzte sich unsere Bevölkerung aus Wüstenbewohnern, zur See fahrenden Perlentauchern und Händlern zusammen. Heute nähert sich die Einwohnerzahl unseres Landes, in dem 180 verschiedene Nationalitäten leben, den 10 Millionen. Die Menschen dort leben, arbeiten und beten friedlich neben- und miteinander. Ich bin seit Januar 2009 Botschafter und hatte das Privileg, die Entwicklung unserer internationalen Beziehungen aus mindestens drei verschiedenen Perspektiven beobachten zu können. Ich spreche Englisch, Arabisch und Russisch und zähle Menschen in den Vereinigten Staaten, Europa, Russland und der ganzen arabischen Welt zu meinen Freunden und Kollegen. Das gewährt mir Zugang zu den Denkprozessen unterschiedlicher politischer Systeme und Kulturen – und je länger ich den Beruf des Botschafters ausübe, umso mehr bin ich davon überzeugt, dass die Macht der Sprache und der Ideen die Welt besser machen kann.

In der Welt, in der ich aufgewachsen bin, schwebten die Ideen im Raum, ohne einen Bezug zur Realität. Man träumte von einer neuen Weltordnung, die auf einem klaren und einfachen Islam basiert. Uns wurde beigebracht, zu beten und wie wir den Koran zu lesen hätten. Immer wieder erklärte man uns, bestimmte Handlungen seien *harām*. Die Begriffe *harām* und *halāl* beschreiben, was verboten (*harām*) und was erlaubt (*halāl*) ist, wobei es merkwürdigerweise von den meisten Dingen hieß, sie seien *harām* – also nicht erlaubt. Schweinefleisch zu essen oder Alkohol zu trinken, fanden die Leute entsetzlich. Das galt definitiv als *harām*. Aber was war noch *harām*? Lügen und Stehlen beziehungsweise Dinge nehmen, die einem nicht gehören – *harām*. Andere oder sich selbst verletzen – *harām*. Schließlich seien der Körper und das Leben Geschenke Allahs. Insbesondere ein Selbstmord befördere einen direkt ins höllische Jenseits, da man sich einer Sache bemächtige, die einem nicht selbst, sondern Allah gehöre. Freitags nahm man uns mit in die Moschee zum gemeinsamen Mittagsgebet. Die Predigten wurden ausgerufen, und alle starrten ins Leere, bis es Zeit war für das kurze Gebet. Es war ein angenehmes Gefühl.

Man befand sich inmitten unterschiedlichster Leute, vom Arbeiter bis zum Millionär, alle saßen in ordentlichen Reihen, sprachen dieselben Gebete und schüttelten sich zum Abschied die Hände.

Und dann gab es da noch, was ich heute den fundamentalistischen Islam nennen würde. Was das damals bedeutete? Die Welt wurde zurückversetzt ins 7. und 8. Jahrhundert, die Blütezeit der islamischen Reiche. In und auch nach der Schule wurden uns die alten Ideen eingetrichtert, die jedoch in starkem Kontrast zu unserer Umwelt standen. Das war wohl auch der Grund, weshalb sie sich in der realen Welt als schwach erwiesen und dort von anderen Überzeugungen schnell zunichte gemacht wurden. Es war die Zeit des Libanesischen Bürgerkriegs, der 1975 begann, und des Iran-Irak-Kriegs, auch als Erster Golfkrieg bekannt, der von 1980 bis 1988 dauerte. Man versprach uns, durch eine Rückbesinnung auf die Praktiken unserer muslimischen Vorfahren im 7. und 8. Jahrhundert würden auch deren Macht, Ruhm und Erfolg zu uns zurückkehren. Hinter dem, was man uns damals beibrachte, verbarg sich jedoch noch etwas anderes, und zwar etwas, das – wie mir heute bewusst ist – schon immer da gewesen war, wenngleich nicht immer offensichtlich. Es waren all diese Ideen, die unseren bisherigen Lehren zu widersprechen schienen. Ideen wie die des Selbstmordattentats. Es hieß, sein Leben für die Gemeinschaft, das Land oder die islamische *Umma* – die Weltgemeinschaft der Muslime – zu opfern, sei eine große Tat. Meine Freunde und ich wunderten uns allerdings, wie ein Selbstmord, den man beging, weil man traurig oder unglücklich war, eine große Sünde gegen Allah darstellen konnte, während ein Selbstmord im Kampf gegen «den Feind» als größtes Opfer galt, das ein Muslim bringen konnte. Diese Frage war schon in den achtziger Jahren, als ich noch ein Teenager war, relevant, und sie ist es bis heute.

All diese Ideen hingen schon damals in der Luft, bis sie dann mit der Zerstörung der Twin Towers in New York am 11. September 2001, dem schockierendsten terroristischen Anschlag, den ich bislang erleben musste, bittere Realität wurden. Die Worte, die ich als Kind gehört und in mich aufgesogen hatte, hatten nun in der realen Welt eine Bedeutung bekommen. Sie hatten eine Wirklichkeit mit weitreichenden Konsequenzen geschaffen, nicht nur für die USA und Europa, sondern auch für mich und alle anderen Muslime in der arabischen Welt.

Mein erster Sohn kam im Dezember 2000 auf die Welt, und ich erinnere mich noch gut daran, wie ich ihn bei einem Besuch in New York im Spätsommer 2001 in einem Tuch vor dem Bauch durch Manhattan trug. Wieder zurück in Dubai, wurden wir dann nur wenige Tage später auf CNN Zeugen der schrecklichen Ereignisse des 11. September. Mich überkam ein überwältigendes Gefühl der Verantwortung für dieses Kind, und ich beschloss, dass für mich die Zeit gekommen war, im Rahmen meiner beschränkten Möglichkeiten etwas zu tun. Ich begann, mich für Kunst,

Literatur und Bildung zu engagieren. Ich verspürte einen unbändigen Drang, Räume für neue Ideen, Sprache und Kreativität zu öffnen, um mir selbst und anderen Muslimen zu beweisen, dass unsere Welt so viel mehr zu bieten hat als nur die engstirnigen Phantasien zutiefst unglücklicher Menschen.

Später kam dann meine Arbeit als Diplomat hinzu, die ich mit derselben Offenheit für neue Ideen und Möglichkeiten anging. Auf meinen Reisen und durch die Kontakte zu den unterschiedlichsten Menschen – von tief religiösen bis zu extrem aufgeklärten, von äußerst ungebildeten bis hin zu hyper-vernetzten – habe ich erkannt, dass uns alle eine tiefe Menschlichkeit verbindet. In den unterschiedlichen, oft miteinander kollidierenden Wertesystemen dieser Welt erkenne ich die Werte einzelner Menschen, die alle nach einem besseren Leben streben. Ich schreibe die nachfolgenden Briefe an meine beiden Söhne – auch wenn sie nur an Saif adressiert sind – und an alle muslimischen jungen Männer und Frauen, um ihnen die Augen für einige der Fragen zu öffnen, denen sie sich wahrscheinlich stellen müssen, und ihnen die Bandbreite der möglichen Antworten aufzuzeigen. Ich möchte eine Reihe von Fragen vor ihnen auffächern, die schon seit Anbeginn menschlichen Denkens existieren, und ihnen erklären, dass es keinen Grund gibt, weshalb nicht auch moderne Muslime sich damit befassen sollten, wie schon Generationen vor ihnen. Ich möchte ihnen die Pflicht verdeutlichen, sich mit unserer Welt auseinanderzusetzen, sie zu hinterfragen und sich konstruktiv für sie einzusetzen. Ich möchte, dass sowohl meine Söhne als auch die Muslime ihrer Generation begreifen, dass wir in einer Welt der Vielfalt und der Unterschiede leben.

Sie sollen erkennen, wie sie der Religion, in die sie hineingeboren wurden, dem Islam, und deren fundamentalen Werten treu sein und zugleich in einer komplexen Welt ihren eigenen Weg finden können. Sie sollen aufgrund ihrer persönlichen Beobachtungen und Überlegungen erkennen, dass es zwischen dem Islam und der übrigen Welt keine Konflikte geben muss. Sie sollen verstehen, dass wir auch in religiösen Fragen oft eigene Entscheidungen treffen müssen. Nicht alles, was uns als Teil unserer Religion verkauft wird, ist tatsächlich Teil des Islam. Und vieles, das uns als göttliche Weisung präsentiert wird, reflektiert in Wirklichkeit Entscheidungen, die andere für uns getroffen haben. Wie ich in einem der nachfolgenden Briefe darlegen werde, beinhaltet der Islam grundlegende Prinzipien wie das Streben nach Wissen oder die Pflicht, seinen Verstand zu gebrauchen und sich über seine Umwelt Gedanken zu machen. Daher möchte ich, dass die Muslime der Generation meiner Söhne von ihrem Recht Gebrauch machen, nachzudenken und selbst zu entscheiden, was falsch und was richtig ist, was islamisch ist und was unseren Glauben nur am Rande berührt. Denn welche Entscheidungen sie auch treffen, sie werden die Bürde tragen müssen.

Offene Fragen

Habibi Saif,

du fragst mich oft, warum ich ein Buch schreibe und wovon es handelt. Manchmal antworte ich, ich schreibe es für euch, manchmal, ich schreibe es für junge Muslime, wie ihr es seid. Wenn ich euch so aufwachsen sehe, denke ich an all die Probleme, die ihr schon meistern musstet, aber auch an jene, die euch noch begegnen werden. Und manchmal weiß ich dann, dass ich die Briefe auch für mich selbst schreibe.

Ich kann mich noch gut daran erinnern, wie dir bewusst wurde, dass du ein Muslim bist. Du warst noch ganz klein – niedlich, mit einem runden Gesicht und freundlich. Es war bei einer Schulveranstaltung. Du hattest bisher nur englischsprachige Schulen besucht, mit Schülern aus über hundert verschiedenen Nationen. An diesem Tag sollten alle erklären, welcher Religion sie angehören, und als du nach Hause kamst, warst du dir plötzlich deiner religiösen Identität «bewusst». Du hast das sehr ernst genommen und mich gefragt, was du als Muslim «tun müsstest». Ich erklärte dir in so einfachen Worten wie möglich, du müsstest wissen, dass der mächtige Mann im Himmel, der die Welt erschaffen hat, in Wirklichkeit Allah heiße und uns vor Hunderten von Jahren seinen Gesandten Mohammed mit dem Koran geschickt habe. Ich erklärte dir, dass wir fünfmal täglich beten, und erinnerte dich an den Ramadan, an dem wir den ganzen Tag bis zum Abend nichts essen. Es dauerte nicht lange, und du kamst aus der Schule nach Hause und erklärtest mir, was ich als «guter Muslim» zu tun hätte. Offenbar hatten dein Arabischlehrer und sein Kollege, der Religionslehrer, etwas konkretere Vorstellungen davon, was es bedeutet, ein guter Muslim zu sein. Als du bei diesem Thema sogar ein wenig aggressiv wurdest, begriffen deine Mutter und ich, dass wir nicht die Einzigen waren, die dich und deinen Bruder erzogen. Wir hatten Konkurrenz bekommen. Bei dem Gedanken, ihr könntet eines Tages nach Syrien abhauen, um in einem Krieg zu kämpfen, in dem andere eure Gutmütigkeit ausnutzen, wurde ich ein klein wenig panisch. Ich stellte mir vor, wie ihr euch von uns und eurer Familie distanziert, weil wir nach den Standards eurer sogenannten Lehrer den muslimischen Glauben nicht streng genug lebten. Am liebsten wäre ich in deine Schule marschiert, um deinen Lehrern eine zu verpassen und ihnen klarzumachen, dass sie nicht das Recht hätten, dir solche Dinge beizubringen. Doch stattdessen führte ich immer wieder lange Gespräche mit deiner Mutter. Sie ist sieben Jahre jünger als ich und nur drei Straßen vom Haus meiner Familie entfernt aufgewachsen. Im Gegensatz zu meinen Eltern – meine Mutter ist Russin und stammt von orthodoxen Geistlichen ab – stammen eure Großeltern mütterlicherseits beide aus der Stadt al-Ain in den Vereinigten Arabischen Emiraten. Eure Mutter wurde ausschließlich arabisch-muslimisch erzogen, hat aber ähnliche Erfahrungen gemacht wie du, Saif. Ich weiß das, weil wir dieselbe Schule besucht haben. Es war nicht so, dass man uns offiziell dazu angehalten hätte, bestimmte Gruppen von Menschen zu hassen. Vielmehr waren es die unterschwelligen Kommentare eines Lehrers sowie das Gerede auf dem Pausenhof über die Juden oder die islamischen Schiiten, die den Hass schürten. Menschen, die man nicht kannte und die nie etwas Falsches getan hatten, einfach so zu verurteilen, das war ganz selbstverständlich. Genau wie ich war und ist eure Mutter jedoch fest entschlossen, es nicht zuzulassen, dass unsere Kinder zum Hass erzogen werden.

Wir sprachen mit dir über jeden Einzelnen, von dem man euch sagte, dass ihr ihn «hassen» solltet. Dabei gab und gibt es keinen Grund, irgendjemanden zu hassen. Warum solltet ihr auf eure Umwelt mit Hass reagieren? Dir muss klar sein, wenn man dich dazu aufhetzt, andere zu hassen, dann hast du dich nicht aus freien Stücken dazu entschieden. Aber es muss deine eigene Entscheidung sein, wen du hassen willst – und du kannst die Welt nur dann besser machen, wenn du nicht hasst, sondern liebst. Es war nicht leicht, dich von deiner Meinung abzubringen, Saif. Deine Lehrer hatten ganze Arbeit geleistet. Aber das machte uns nur noch entschlossener, dich zurückzugewinnen. Und letztlich bist du dann auch zu uns zurückgekehrt, indem du für dich beschlossen hast, dass dieser Hass unnötig und ungerecht ist. In Wahrheit ist er sogar noch sehr viel mehr als das.

Vor kurzem habe ich meinen 43. Geburtstag gefeiert. Ich habe lange auf diesen besonderen Tag gewartet. Seit ich 19 geworden war, um genau zu sein. Denn diese beiden Zahlen waren für mein Heranreifen und Älterwerden von immenser Bedeutung. Wie du weißt, kam mein Vater, dein Großvater Saif, 1977 bei einem Terroranschlag ums Leben. Er war 43, als er starb. In deinem Alter dachte ich noch, das sei sehr alt. Doch nun, wo ich selbst die 43 überschritten habe, fühlt es sich an, als hätte mein Leben gerade erst begonnen. Lass mich, bevor ich weiter erzähle, noch kurz erklären, weshalb auch mein 19. Geburtstag so wichtig für mich war. Mit 12 habe ich erfahren, dass der Mann, der meinen Vater getötet hat, 19 war, als er die Tat beging. 19. Damals mit 12 fragte ich mich, ob ich, wenn ich einmal 19 wäre, wohl ebenfalls einen Mann töten könnte. Ich wartete also ab, und als es so weit war, stellte ich mir dieselbe Frage noch einmal. Die Antwort war ein klares Nein. Nicht in einer Million Jahren wäre ich in der Lage, eine Pistole oder ein Gewehr auf einen anderen Menschen zu richten und ihn zu erschießen. Ich fühlte mich noch immer wie ein 12-Jähriger.

Dann wartete ich darauf, 43 zu werden, weil ich wissen

wollte, ob ich mir vorstellen konnte, dass mein Leben zu Ende wäre. Als der Geburtstag schließlich kam, stellte ich jedoch erschrocken fest, dass mein Leben gerade erst begonnen hatte. Mir wurde bewusst, wie wenig Zeit ich mit euch verbracht hatte, und ich konnte das Entsetzen meines Vaters nachfühlen, als ihm klar wurde, dass sein Leben vorüber war. Meine Geschwister und ich, eure Onkel und Tanten, waren noch keine zehn Jahre alt, als euer Großvater starb. Wenn ich euch heute ansehe, weiß ich, dass ich aufgrund meiner Angst sehr viel mehr Zeit mit euch verbringe – wenn auch immer noch nicht genug.

Ich schreibe dieses Buch, weil ich möchte, dass ihr etwas Schriftliches von mir habt, etwas, das noch da sein wird, wenn ich es längst nicht mehr bin. Ich möchte euch damit ein wenig Orientierung und Liebe geben, so wie ich es mir, als ich in eurem Alter und älter war, von meinem Vater gewünscht hätte. Ich schreibe euch diese Briefe, weil ich möchte, dass ihr eine Vorstellung davon bekommt, welche Fragen euch im Leben begegnen werden und welche Antworten es da draußen darauf gibt. Ihr sollt die wichtigste Lektion im Leben nicht von anderen lernen, sondern von dem Menschen, der euch am meisten liebt. Ihr denkt vielleicht, ich übertreibe es ein wenig mit meiner Fürsorge, aber das liegt nur daran, dass ihr das Einzige seid, worum ich mich sorge.

Ihr sollt wissen, woran ich glaube, nachdem ich mehr als 30 Jahre über den Tod meines Vaters nachgedacht habe.

Durch sein Sterben war ich gezwungen, Antworten auf einige sehr schwierige Fragen zu finden, was wiederum meine Sicht auf die Welt entscheidend geprägt hat.

Ich will euch in diesen Briefen erzählen, wie ich die Welt sah, als ich in eurem Alter und etwas älter war, und euch erklären, warum euch heute ähnliche Dinge widerfahren. Ihr sollt wissen, dass die Probleme, mit denen ihr konfrontiert seid, und die Lösungen, die ihr dafür findet – oder die euch angeboten werden –, dieselben sind, mit denen sich auch viele von uns schon auseinandersetzen mussten.

Die Grauzone

Habibi Saif,

obwohl ich nur ungefähr 20 Jahre älter bin als du, wächst du in einer Zeit auf, die sich von den siebziger und achtziger Jahren, in denen ich großgeworden bin, radikal unterscheidet. In der heutigen Welt hast du Zugang zu jeder Information, die du gern hättest. Du weißt Bescheid über schwer durchschaubare Ideen, Ereignisse und Bewegungen und wirst, genau wie ich, von der Berichterstattung über den Islam und uns Muslime, die stets eng verflochten ist mit Terrorismus und religiös motivierter Gewalt, geradezu erschlagen. Du empfindest es als schwierig, als Muslim in einer Gesellschaft zu leben, die nur aus einsamen, mürrischen und isolierten Individuen zu bestehen scheint.

Welchen Sinn oder Zweck hat das alles? Als Teil einer jungen Religion, deren gesegneter Prophet Mohammed die Welt mit seiner göttlichen Offenbarung entflammt hat, fällt es dir schwer, die Banalität der Welt, in der du lebst, zu akzeptieren. Natürlich sind da die Wunder der Technologie, von denen fast täglich neue auftauchen. Sie faszinieren und unterhalten dich. Sie füllen deine Tage mit einer zufriedenstellenden Beschäftigung. Doch auch wenn sie eigentlich zu deinem Nutzen gedacht sind, stehlen sie dir auch die Zeit. Die Technologien, mit denen wir uns umgeben, scheinen uns zu befreien, doch es bleibt der nagende Zweifel, ob sie uns, indem sie unsere persönlichen Launen befriedigen, im Grunde nicht eher versklaven. Da ist dieses leere elektrische Surren, das zurückbleibt, wenn du den ganzen Tag online warst, E-Mails und Postings gecheckt hast und dich auf der Suche nach Informationen immer wieder von interessanten Artikeln hast ablenken lassen. Vielleicht kompensierst du die Leere, indem du dir ein paar muslimische Websites ansiehst. Du siehst, hörst, liest – saugst alles in dich auf. Der Westen lockt mit vielen Versuchungen körperlicher und moralischer Natur. Die Freiheit wird dort vergöttert. Jeder kann mit seinem Körper tun und lassen, was er will. Die islamischen Gelehrten, die *Ulama* (die Wissenden), hingegen verbreiten im Internet die Vision einer Welt, in deren Zentrum der Islam steht – eine Welt, in der die Muslime an der Macht sind, neue Technologien entwickeln und das Geschehen dominieren. Und die Ulama haben auch einen Plan, wie wir eine solche Welt realisieren können.

Man sagt dir, es liege in der Natur unserer Religion, andere zu beherrschen. Alle Regeln, die wir kennen, wurden für eine islamische Gesellschaft geschrieben, die andere beherrscht oder sie zumindest in Schach und auf Sicherheitsabstand hält. Wir gewähren euch Frieden, solange ihr selbst friedlich bleibt, ansonsten: Nehmt euch in Acht! Von der Zeit, als der Prophet Mohammed die Bewohner Mekkas zum Islam bekehrte, bis zur Etablierung eines vom Atlantik bis nach Zentralasien reichenden muslimischen Reichs war der Islam die beherrschende Religion. Warum sollte das nicht wieder so sein? Die heutige Weltbevölkerung zählt 7 Milliarden Menschen, von denen 1,7 Milliarden Muslime sind, und viele wissenschaftliche Studien belegen, dass der noch recht junge Islam schneller wächst und sich ausbreitet als jede andere Religion.

Einige dominante Strömungen des Islam fordern dessen Rückkehr ins Zentrum der Weltpolitik. Und du als Muslim bist angeblich dazu verpflichtet, ihm zu dienen. Warum? Nun, überzeugende, finanzstarke Stimmen erklären uns Tag für Tag, der Islam werde angegriffen und wir müssten ihn verteidigen. Aber ist das tatsächlich so? Ich glaube nicht. Diese schrillen Stimmen, die es irgendwie geschafft haben, sich finanzielle Mittel und Glaubwürdigkeit zu erschleichen, verbreiten eine verzerrte Sicht auf die Welt.

Sie machen dir weis, der Islam könne seine beherrschende und tonangebende Rolle nur dann einnehmen, wenn jeder Muslim ein echter Muslim sei – ein denkbar einfaches Konzept. Man sagt dir, der Islam könne erst erblühen und gedeihen, wenn du sowie alle um dich herum die geforderte Frömmigkeit zeigten, aber du seist nicht fromm genug. Folglich bist du schuld daran, dass der Islam sich in einem so entwürdigenden und miserablen Zustand befindet. Man zeigt dir YouTube-Videos von mutigen afghanischen Mudschaheddins, die in den achtziger Jahren gegen die mächtige Sowjetarmee kämpften, dann etwas eindeutigere Videos vom Bosnienkrieg in den neunziger Jahren und schließlich die aktuellen, schockierenden Bilder der Nachwirkungen der US-amerikanischen Invasion in den Irak im Jahr 2003, in denen dir mit eindrucksvollen *Naschids* (religiösen Liedern) untermalte Selbstmordattentate präsentiert werden. Man sagt dir, diese Muslime seien wahre Muslime. Sie hätten ihr Leben zu Ehren des Islam und der Gemeinschaft der Muslime geopfert. Es handle sich um junge Märtyrer, die nun im Himmel seien, weil sie dem Islam das größtmögliche Opfer gebracht hätten. Sie seien die Vorbilder, denen es nachzueifern gelte. Denn was könne selbstloser, ehrenvoller und tugendhafter sein, als sein Leben zu geben zum Ruhme des Islam?

Die jüngsten Gräueltaten des Nahen Ostens können wir derzeit in vollem Ausmaß in der Vernichtung des syrischen Volkes durch das atheistische (*kafir*) Baath-Regime von Bashar al-Assad beobachten. Du warst noch sehr jung, als 2011 der sogenannte Arabische Frühling ausbrach, aber du wusstest, da passiert etwas. Durch die Bilder in den Nachrichten hast du einen flüchtigen Eindruck von den riesigen Demonstrationen bekommen, die auf den Plätzen einiger arabischer Hauptstädte stattfanden. Es waren Revolutionen. Das erste Land, dessen Regime unter den Demonstrationen zusammenbrach, war Tunesien. Der Präsident floh.

Auch in Ägypten gab es einen Aufstand, in dessen Folge der alternde Präsident verhaftet und inhaftiert wurde. Der libysche Führer wurde gejagt und grausam umgebracht. Nur im Jemen vollzog sich das Ganze zumindest anfangs weniger gewaltsam. Und dann richteten sich alle Augen auf Syrien. Auch das syrische Volk demonstrierte, tanzte und forderte einen Wechsel.

Doch dann wurden syrische Kinder gefangen genommen, gefoltert, getötet und ihre Leichen zurück zu ihren Familien gebracht. Es kam zu immer mehr Gewalttaten gegen die syrischen Demonstranten. Du bist mit den täglichen Berichten über die Toten in Syrien aufgewachsen.

Und du weißt auch, dass die Zerstörung Syriens sowie die radikalen Kräfte, die im Norden Syriens und im Irak walten, zu einem großen Flüchtlingsstrom in die Türkei und von dort aus nach Europa geführt haben. Anfangs empfingen die Europäer die Flüchtlinge mit offenen Armen. Zuvor hatte man schon andere Flüchtlinge in großen Lagern im Libanon, in der Türkei und in Jordanien angesiedelt. Die neue Welle von Flüchtlingen kam in der Hoffnung nach Europa, dort ein besseres Leben zu führen, besser als alles, was im Nahen Osten oder Nordafrika möglich war. Wir Muslime sahen dabei zu, wie diese Menschen Leib und Leben riskierten, um ihrer Heimat zu entfliehen. Sie wollten weg aus muslimischen Ländern und muslimischen Gebieten. In Europa hat sich die Debatte inzwischen verschärft, und die prinzipielle Offenheit hat sich in eine regelrechte Wut und Panik vor den Konsequenzen der neuen Einflüsse gewandelt. Als Muslime regen wir uns darüber auf, dass unsere muslimischen Brüder und Schwestern in Europa nicht länger willkommen sind. Aber gerade als Muslime müssen wir uns auch fragen, weshalb derzeit die muslimischen Gesellschaften im gesamten Nahen Osten – von Afghanistan bis Libyen – zusammenbrechen.

Du weißt, dass die Probleme in Syrien Teil meiner Arbeit sind, und fragst mich, wann das endlich aufhört. Du glaubst, die Welt habe die Syrer einfach ihrem Schicksal überlassen. Angesichts der zahllosen Videos gefolterter und verstümmelter muslimischer Kinder, die wir hier zu sehen bekommen, ist der Zorn, den du empfindest, völlig normal und gerechtfertigt. Überall auf der Welt werden die Verbrechen an Unschuldigen und Wehrlosen angeprangert, aber niemand scheint tatsächlich etwas dagegen zu unternehmen. Wer bereitet diesem Blutbad ein Ende? Wer übt Rache an den Mördern? Sowohl aus den arabischen Ländern als auch aus Europa und den Vereinigten Staaten bekommst du unablässig zu hören, die jeweiligen Regierungen seien gegenüber den globalen Wirtschaftsmächten, dem Klimawandel oder dem Extremismus machtlos. Die Regierungen werden also nichts unternehmen, weil sie nichts unternehmen wollen oder nichts unternehmen können. So bleibt es also dir überlassen. Aber was kannst du schon tun? Du scheinst der Einzige zu sein, der noch ein Fünkchen Moral im Leib hat, der Einzige, der den Unterschied zwischen Richtig und Falsch, Gut und Böse kennt. Doch dann erkennst du, es gibt da draußen auch noch andere wie dich. Andere, in denen ebenfalls die Wut der Machtlosigkeit hochkocht, wenn sie sehen, wie die Leute angesichts der neuesten Grausamkeiten nur mit den Schultern zucken, um sich dann wieder ihrem schnöden Alltag zuzuwenden: Fast-Food-Restaurants, Fernsehshows, Facebook und Instagram. Du bist fassungslos, dass die Menschen sich mehr für die erbärmliche Politik des US-amerikanischen Kongresses oder der Europäischen Union interessieren als für die großen moralischen Fragen des 21. Jahrhunderts. Wie jeder Mensch suchst du verzweifelt nach einem Sinn in der Welt, in der du lebst. Das kann sehr schmerzhaft sein, doch da schimmert ein Licht am Ende dieses Tunnels aus Sorgen, Angst und Selbstzweifeln. Könnte es nicht sein, dass die Ulama – die Islamgelehrten – im Internet am Ende doch recht haben? Könnte es nicht sein, dass sie für einen Islam stehen, wie er sein kann und sein sollte? Ihr Weg ist klar, ihre Sprache direkt und einfach. Du musst nur das Gerümpel des modernen Lebens beiseite räumen, und schon öffnet sich dir der Weg in ein sinnvolles, zielgerichtetes Leben.

Je länger du dich mit diesem Thema befasst, umso mehr Sinn ergibt dieser Weg für dich. Ihr alle seid Teil einer großen Zivilisation. Oder zumindest einer ehemals großen Zivilisation, die nur ihre alte Größe zurückerlangen muss.

Du glaubst, dass deine Eltern deine Probleme nicht verstehen. Dass sie in einer anderen Welt leben, dass sie mit ihren stupiden, kräftezehrenden Jobs vollauf zufrieden sind und den technologischen und wirtschaftlichen Mächten einsam und machtlos gegenüberstehen. Dürfen sie sich überhaupt gute Muslime nennen? Der Gedanke beschämt dich, doch du kannst nichts dagegen tun: deine Eltern sind Feiglinge, nicht bereit, sich der Welt zu stellen. Sie sind nicht die guten Muslime, für die du sie gehalten hast. Immerhin stellt der Islam Forderungen, und er hat ein Recht auf uns. Wir müssen gut sein. Und gut zu sein bedeutet, den Forderungen des Islam gerecht zu werden. Aber was tun deine Eltern schon? Nichts. Wenn die Nachrichten laufen, murmeln sie nur irgendetwas vor sich hin, und ansonsten sind sie immerzu müde und gereizt. Sie haben keine überzeugenden Antworten auf deine Fragen. Nicht nur, dass sie den einfachen und klaren Weisungen des Islam nicht nachkommen, sie sind wie Dinosaurier, die in diesem Leben keine Rolle mehr spielen. Du liebst sie, aber in der großen Schlacht «Gut gegen Böse» sind sie unbedeutend.

Es kommt der Moment, in dem du vor einer entscheidenden Frage stehst. Wenn es dir ernst damit ist, ein guter Muslim zu sein, ein echter Muslim, ein wahrer Muslim, dann musst du auch wie einer leben. Aber wen kannst du dir zum Vorbild nehmen? Im Grunde hast du dein Vorbild direkt vor der Nase: den Propheten Mohammed. Ihm sollst du nacheifern, sagt man dir, in jedweder Hinsicht. Das ist ehrenvoll und unkompliziert. Und die Vorstellung, dem Beispiel einer guten und edlen historischen Figur zu folgen, erscheint dir alles andere als merkwürdig, ganz im Gegenteil. Du bekommst doch überall zu hören, wie wichtig Vorbilder sind: in der Schule, bei der Arbeit, im Geschäftsleben. Viele Menschen werden als vorbildlich gepriesen – Wissenschaftler, Schauspieler und Sänger –, von allen muslimischen Vorbildern ist der Prophet Mohammed jedoch das beste.

Glücklicherweise gibt es eine lange Tradition von Überlieferungen, in denen die besonderen Taten und Aussprüche des Propheten zusammengefasst sind. Das erlaubt dir, dich problem- und nahtlos einzufügen. Einige der Anforderungen, oder was man dir als solche verkauft, erscheinen dir vielleicht etwas hart, wie beispielsweise die Notwendigkeit, sich von Nichtmuslimen oder Muslimen, die nicht streng gläubig sind, vollständig zu distanzieren. Aber du wirst dich schon bald mit anderen zusammentun, und gemeinsam werdet ihr euch mit Entsetzen über diese oder jene Person auslassen, die angeblich einen unmoralischen Witz gemacht hat oder beim Spazierengehen mit einer nicht verwandten jungen Dame gesehen wurde. Ihr werdet euch fragen, was die beiden wohl im Schilde führen, und zu dem Schluss kommen, es könne nichts Gutes sein. Urteile über andere sind schnell gefällt. Warum? Nun, weil ihr als Muslime nach so hohen moralischen Standards lebt, dass alles um euch herum schon aus Prinzip moralisch falsch sein muss. Ihr glaubt, in einer verseuchten Welt zu leben, die radikal gesäubert werden muss.

Wenn du dich bei Tagesanbruch oder nach der Arbeit zum gemeinsamen Gebet in der Moschee einfindest, fühlst du dich ausgeglichen und verspürst eine Art inneren Frieden, ganz besonders beim einmal wöchentlich vorgeschriebenen Freitagsgebet. Ist die Predigt vorüber und das kurze Gebet nähert sich dem Ende, empfindest du allerdings wieder eine ängstliche Unsicherheit. Wir alle kennen die Moschee als einen Ort der Wärme und der Gemeinschaft. Weit weg von traditionell muslimischen Gesellschaften erleben wir dort bei unseren Zusammenkünften eine Art Bruderschaft und Vertrautheit. In der Fremde ist die Moschee ein Zufluchts- und ein Versammlungsort, an dem wir in unserer Gemeinschaft mit Allah zusammenkommen. Das Schönste sind die Freitagspredigt und das anschließende gemeinsame Gebet, denn zu keiner Zeit ist die Moschee einladender, und dann ist sie auch am besten besucht. Du weißt, sobald das Freitagsgebet vorbei ist, wirst du wieder nach draußen auf die kalte und dunkle Straße müssen, wo du dir ein wenig verloren und einsam vorkommst. Während die Woche bis zum nächsten Freitagsgebet nur langsam voranschreitet, herrscht da diese Leere, über die du dich aber mit fesselnden, im Internet frei zugänglichen Rezitationen des Heiligen Koran hinwegtrösten kannst.

Was hat eine solche Rezitation so Besonderes an sich? Der Erzengel Gabriel überbrachte dem Propheten Mohammed den Koran, indem er ihm die Verse vortrug und ihn diese auswendig lernen ließ. Obwohl du den Koran als schönes, in Leder gebundenes Buch mit wunderbaren Kalligraphien kennst, ist er eigentlich dazu da, rezitiert oder laut vorgelesen zu werden. Dafür gibt es feste Regeln, weshalb er heute noch genau so rezitiert wird, wie ihn der Prophet schon vor über 1400 Jahren vorgetragen hat. Die modernen Vorbeter können ihr Wissen anhand einer langen Reihe von Lehrern bis zum Propheten selbst zurückverfolgen. Das heißt, was wir heute hören, hat sich in dieser Form über Hunderte von Jahren erhalten. Wie bei Musikern variiert die Qualität des Vortrags allerdings je nach Alter und Stimme. So kann ein Vorbeter beispielsweise technisch ein Meister sein, während es ihm aber womöglich an Leidenschaft und emotionaler Tiefe mangelt. Jeder hat so seine Lieblingsvorbeter. Mir sind die Rezitationen von as-Sudais am liebsten, dem Imam der Heiligen Moschee in Mekka. Man kann ihm stundenlang zuhören und spürt dabei seine Liebe zu Allah und dessen Botschaft. Einige der Aufnahmen seiner Rezitationen, die während der Abendgebete im Ramadan gemacht wurden, sind so emotionsgeladen, dass an einigen Stellen zu hören ist, wie der Imam in Tränen ausbricht und die anderen mit ihm weinen.

Solche Rezitationen geben dir Kraft. Sie schöpfen aus einer so ergiebigen Quelle von Emotionen und Energie, dass du nach dem Zuhören wie erschlagen bist. Das geht mir ganz genauso. Manchmal denke ich, ich sollte mich dabei auf eine Stunde pro Tag oder Woche beschränken.

Warum? Vielleicht ist es einfach zu intensiv. Es verträgt sich nicht mit der Außenwelt. Oft schaffe ich es nicht, mein Gleichgewicht wiederzufinden, und der Übergang von der Schönheit der spirituellen Welt in die hässliche Welt da draußen deprimiert mich. Vielleicht empfindest du ja dasselbe. Du kennst die wunderbare Erzählung von Yousef bzw. Josef, dessen Brüder ihn aus Eifersucht in einen Brunnen werfen und dort seinem Schicksal überlassen. Die Geschichte ist eines der beliebtesten Kapitel des Koran, weil sie so lebendig ist. Es wird geschildert, wie Yousef gerettet und versklavt wird und wie sich die Frauen am Hof des Pharaos geblendet von seiner Schönheit in die Hände schneiden. Wir leiden ob der Ungerechtigkeit, die Yousef widerfährt, und freuen uns, wenn sein Leben sich wendet, er der Berater des Pharaos wird und schließlich wieder zu seinem Vater findet.

In anderen Kapiteln des Koran wiederum werden wir unverblümt dazu aufgefordert, unseren Verstand zu gebrauchen und über die Welt, in der wir leben, nachzudenken – über die Berge und Meere bis hin zur Sonne und den Sternen über unseren Köpfen. Und wieder andere Verse rufen die Gläubigen dazu auf, ihre Feinde zu vernichten.

Alles – von den Versen mit philosophischen und spirituellen Betrachtungen bis hin zu den Gesetzen und Verhaltensregeln – vermittelt uns einen Eindruck von der Macht und Weisheit Allahs und stärkt unser Zugehörigkeitsgefühl zur muslimischen Gemeinschaft.

Die rhetorischen Effekte und der Rhythmus der Verse erzeugen Ehrfurcht und ein Gefühl des Friedens.

Plötzlich wird dir die Diskrepanz zwischen dem, was du soeben gehört hast – den Worten Allahs, seit über 1400 Jahren unverändert und unverdorben – und dem, was uns tagtäglich umgibt – dem Müll in den Straßen, den mürrischen Gesichtern, den nächtlichen Randalen, den bedeutungslosen Gesprächen über Sport, dem Wohnungsmarkt, den korrupten Politikern – schmerzlich bewusst. In einer turbulenten Welt der Veränderungen und des Aufruhrs stellt der Koran einen stabilen Orientierungspunkt dar. Wir wissen, wie penibel Generation um Generation von Muslimen darauf geachtet hat, dass nicht ein Wort oder Vokal im Koran abgeändert wurde. Sein perfekt bewahrter Text ist seit Jahrhunderten gleich geblieben. Der Koran ist eine feste Instanz, an der wir Muslime uns orientieren und festhalten können. Er gibt uns Stabilität und Sicherheit.

Was kann es Schöneres geben als die Wärme des Gebets, den Trost einer Rezitation oder die Gewissheit moralischer Werte? Auch meine Generation kennt dieses Gefühl. Viele, die seinerzeit schon etwas älter waren als ich, zogen in den achtziger Jahren nach Afghanistan, um im Heiligen Krieg des Dschihad gegen die gottlosen sowjetischen Eindringlinge zu kämpfen. 1978 kam in Afghanistan ein neuer prosowjetisch eingestellter Führer an die Macht, der in dem Irrglauben, die Entwicklung seines Landes voranzutreiben, große Veränderungen in der afghanischen Gesellschaft vornahm. Dem afghanischen Volk, das viel auf seine Stammeszugehörigkeit hält und streng muslimisch ist, gingen die Veränderungen jedoch zu weit. Und so schickte die Sowjetunion, die über weite Strecken an Afghanistan grenzte, zunächst Berater ins Land und dann ihre Armee, die sich in einen Krieg verstrickte, der von 1979 bis 1989 dauern sollte. Bereits 1980 verdammten die muslimischen Länder der Welt den Einmarsch der Sowjets und planten Maßnahmen, um das muslimische Afghanistan zu unterstützen. Viele junge Muslime aus der ganzen Welt organisierten sich und zogen nach Afghanistan. Gemeinsam mit ihren afghanischen Brüdern wurden sie als Mudschaheddin bekannt – ein Begriff, der sich von dem Wort *dschihad* ableitet, das unter anderem «heiliger Krieg» bedeutet. Ich war damals noch zu jung, um selbst loszuziehen, aber alt genug, um unseren mutigen Kriegern zuzujubeln.

Die Welt war klar unterteilt in Dinge, die erlaubt, und Dinge, die nicht erlaubt waren – eine der vielen Parallelen zur digitalen, dualen Welt des 21. Jahrhunderts. Entweder etwas ist gut, oder es ist nicht gut. 1 oder 0. Genau diesen Ansatz findet man auch in unserer traditionellen islamischen Ethik. Einfachheit. Wir suchen uns einen qualifizierten *Mufti* – einen Menschen, dem es erlaubt ist, Regeln aufzustellen, religiösen Rat zu erteilen und islamisches Recht zu sprechen – und orientieren uns entweder an seinen niedergeschriebenen Überzeugungen oder fragen ihn persönlich danach. Gelegentlich äußert der *Mufti* vielleicht

Dinge, die uns eher weniger relevant erscheinen, aber womöglich sind sie ja doch wichtig, und wir haben uns bislang nur auf das Falsche konzentriert. Schließlich handelt es sich bei einem *Mufti* ohne jeden Zweifel um eine kompetente und qualifizierte religiöse Autorität, die weiß, wovon sie spricht. Von ihm wirst du mit der Zeit lernen, wie sich ein guter Muslim verhält.

Oft scheint es, als gehöre dieses Schwarz-Weiß-Denken in eine andere Zeit oder an einen anderen Ort. Und hin und wieder fragst du dich schon, ob es für uns Muslime denn keinen angemesseneren Weg gibt, uns als gute Muslime in dieser bunten, multikulturellen und zersplitterten Welt zu bewegen, ohne dauernd anzuecken. Ich weiß selbst, wie schwer es ist, mit dieser Unsicherheit umzugehen. Für euch, in der heutigen Welt, muss es sogar noch schwieriger sein, als es für meine Generation war, denn damals gab es sehr viel weniger Dinge, die uns verunsicherten. Heute gehen die meisten von uns ihren Weg, und die kleinen Unsicherheiten können wir verdrängen. Aber du und deine Generation, ihr müsst eigene Ideen und eigene Herangehensweisen entwickeln. Eure Welt ist sehr viel komplizierter, schnelllebiger und weniger vorhersehbar. Aber warum ist das so? Die einfachste Antwort ist wohl, weil euch dank der neuen Technologien die ganze Welt offensteht. Es gibt weder Mauern noch große weiße Flecken, wie das vor ein paar Jahrzehnten noch der Fall war, und das ist auch genau der Grund, warum du und viele deiner Freunde sich an jede Gewissheit klammern, die sich euch bietet. Dieser Wunsch nach Sicherheit, wissen zu wollen, dass bestimmte Dinge wahr sind, ist ein menschlicher Instinkt. Auf diese Weise orientieren wir uns, geben uns selbst eine Richtung und schützen uns. Gewissheit ist der mentale Schild, der uns vor quälenden Zweifeln schützt. Die Welt, in der ihr heute lebt, ist eine andere, weil ihr, um euch sicher sein zu können, viel mehr Zeit, Wissen, Erfahrung und Vertrauen benötigt. Jedes Kind deiner Generation, ob es nun im tiefsten Afrika, in Asien oder in den Städten Nordamerikas lebt, befindet sich in derselben Situation.

Ihr hattet immer Freunde beiderlei Geschlechts, doch nun bringt man euch bei, die Geschlechter sollten getrennt sein. Auf diese Weise könne es nicht zu unerlaubten Kontakten wie außerehelichem Sex kommen. Anfangs erstaunt es dich ein wenig, dass die Gefahr, Männer und Frauen hätten Sex, sobald sie zusammen sind, so groß sein soll. Aber vielleicht ist das ja tatsächlich so. Dennoch fragst du dich, ob diese strikte Trennung nicht zu anderen Problemen führen kann. Es gibt Gerüchte, denen zufolge in Gesellschaften, in denen die Geschlechter streng voneinander getrennt leben und es anders als im liberalen und «dekadenten» Westen nicht möglich ist, einen freien Umgang miteinander zu pflegen, häufig die Homosexualität um sich greife. Und deine Freunde aus streng islamischen Ländern scheinen recht erleichtert, wenn sie ihre Ferien irgendwo im Westen verbringen können. Sie lassen sich dann gehen, und das Sündigen scheint sie eindeutig mehr zu interessieren als das Beten.

Sie erzählen dir so einiges über den strengen Islam – beispielsweise auf welche Weise dort das Einhalten der Regeln durchgesetzt wird. So ist das Beten in manchen streng muslimischen Gesellschaften nicht freiwillig, sondern wird durchaus mit Hilfe kleinerer und größerer Schubser, wenn nicht gar mit Stockhieben erzwungen. Die Männer tragen nur unter Androhung von Strafen – in manchen Fällen sogar der Todesstrafe – Bärte, und die Frauen müssen sich gegen ihren Willen vollständig verhüllen. Aber du willst davon nichts hören, glaubst ihnen nicht. Der Islam, den du kennst, bietet Trost und Sicherheit. Er ist gut und einfach. Die anderen wissen ja nicht, wovon sie reden.

Später werde ich versuchen, dir eine Antwort darauf zu geben, was moralisch gesehen besser ist: in einem streng islamischen System zu leben oder in einer geistig gesunden islamischen Gemeinschaft. Es hat Jahre gedauert, bis sich diese Frage in meinem Kopf herauskristallisiert hat. Aber ich denke, es ist sehr wichtig, dass du und deine Freunde gründlich darüber nachdenkt, bevor ihr andere verurteilt.

Und dann sind da noch so befremdliche Phänomene wie Versklavung und Plünderungen. Welchen Sinn ergibt so etwas in eurer Welt? Was ist von der frappierenden Gewalt zu halten, die überall auf der Erde im Namen des Islam verübt wird? Insbesondere in muslimischen Ländern.

Der Islam ist eine Religion des Friedens. So viel ist sicher. Wir Muslime grüßen uns mit den Worten *«Salam alaikum»*, «Friede sei mit euch», und jedes einzelne Kapitel des Koran beginnt mit den Worten «Im Namen Allahs, des Gnädigen, des Barmherzigen». Oft sprechen wir diese Worte auch dann, wenn wir am Anfang von etwas stehen, zu Beginn einer Reise etwa oder wenn wir eine Rede einleiten.

Aber welcher Frieden ist hier gemeint? Wann soll er beginnen? Wer verfügt darüber? Und kannst du irgendetwas dazu beitragen? Gibt es eine Art Entscheidungsprozess, der zu einem Ergebnis führen wird? Vielleicht sollten wir es einfach den Islamgelehrten überlassen, den *Ulemas*, den Typen in den YouTube-Videos, die lauthals und voller Überzeugung ihre Reden halten und sämtliche Antworten kennen.

Entgegen der Argumentation einiger der wirklich radikalen Gruppen dort draußen glaube ich, dass der Islam tatsächlich eine Religion des Friedens ist. Nur haben wir noch nicht herausgefunden, wie Frieden funktioniert. Liegt das daran, dass wir Muslime nicht in Frieden leben können, solange andere dem Islam den Krieg erklären? Das ist das Hauptargument der Radikalen. Sie erklären dir und mir, der Islam werde eine Religion des Friedens, der Schönheit und des Wohlstands sein, sobald die Andersgläubigen dies zuließen. Solange es jedoch Feinde gebe, die ganz offen oder insgeheim die Vernichtung des Islam planten, müssten wir mit aller Macht kämpfen. Der Zweck heilige die Mittel. Das klingt nur fair, und von Arabern bekomme ich dieses Argument seit über 30 Jahren in den unterschiedlichsten Varianten täglich zu hören, das kannst du mir glauben. Aber kann man denn nicht auch anderer Ansicht sein? Wie wäre es denn, mit Nichtmuslimen und Muslimen, die sich in ihrem Verhalten und Glauben von uns unterscheiden, friedlich zusammenzuleben? Ist Frieden denn nicht schon jetzt möglich? Wie würde die muslimische Welt dann aussehen? Wie würden andere uns wahrnehmen, wenn wir mit der Position, die wir in der Welt innehaben, nicht so hadern würden?

Ihr denkt, falls irgendjemand diese Welt besser machen kann, dann nur ihr. Und ihr habt recht damit. Ich persönlich glaube von ganzem Herzen an euch. Doch bevor ihr womöglich einen Weg einschlagt, der euch in die falsche Richtung führt, möchte ich, dass ihr euch ein paar Dinge bewusst macht. Der Schwarz-Weiß-Islam ist nicht der einzige Islam, den ihr leben könnt. Es gibt zwischen dem Schwarz und dem Weiß, das die *Ulemas* und andere Gelehrte uns anpreisen, eine große Grauzone. Und innerhalb dieser Grauzone bewegt und entwickelt ihr euch, sowohl im intellektuellen als auch im moralischen Sinn. In der Grauzone der Unsicherheit und des Zweifels – irgendwo zwischen Richtig und Falsch – werdet ihr euer Recht entdecken, selbständig zu denken und euch am Aufbau einer ethischen Welt zu beteiligen. Denn gerade aus dieser

Grauzone heraus, so glaube ich, werdet ihr unserer und der nächsten Welt am besten dienen können – als frei denkende und von ethischen Grundsätzen geleitete junge Muslime.

Es steht uns viel Raum zur Verfügung, in dem wir uns als Individuen entfalten können. Und indem wir ihn nutzen, erfahren wir viel über unsere wahren Neigungen. Auf jede Aktion folgt eine Reaktion, und deine Beharrlichkeit, deine Offenheit und dein Humor werden in unserer Kultur ebenso eine Resonanz finden wie deine Gleichgültigkeit, deine Gewaltbereitschaft und deine negative Grundhaltung. Um die Rolle des einzelnen Muslims begreifen zu können, muss man zunächst die muslimische Landschaft verstehen, die sich über die gesamte arabische Welt sowie weite Teile Südostasiens, Zentralasiens und Nordafrikas erstreckt.

Landschaften des Islam

Saif,

wie du weißt, ist der Islam die Religion der Muslime, die uns vor über 1400 Jahren durch den Propheten Mohammed überbracht wurde. Der Prophet lebte in Mekka. Da die Menschen dort die Botschaft Allahs jedoch ablehnten, musste er mit seinen frühen Anhängern in die nahegelegene Stadt Medina fliehen. Schon bald wuchs die Zahl und damit auch die Macht der Anhänger des Islam allerdings, und sie übernahmen auch in Mekka die Führung. Diese beiden Städte, die sich heute in Saudi-Arabien befinden, sind die heiligen Städte des Islam. Wahrscheinlich kennst du dich mit den vielen unterschiedlichen Gruppierungen noch nicht ganz so gut aus, aber du gehörst der größten Schule innerhalb des Islam an, den sogenannten Sunniten. Die sunnitische Glaubensrichtung entstand kurz nach dem Tod des Propheten, als Uneinigkeit darüber herrschte, wer dessen Platz an der Spitze der Gemeinschaft der Muslime einnehmen sollte. Da gab es einerseits jene, die glaubten, der nächste Anführer sollte ein Mitglied der Familie des Propheten sein, und andererseits jene, die dessen ungeachtet den besten Mann zum nächsten Führer haben wollten. Am Ende war sein direkter Nachfolger ein Mann, den viele Muslime für den geeignetsten hielten. Der vierte Anführer nach dem Propheten war dann ein Mitglied seiner Familie. Diejenigen, die sich damals für ein Familienmitglied aussprachen, sind die heutigen Schiiten, jene, die sich für den am besten geeigneten Anführer aussprachen, nennt man Sunniten.

Wenn ich hier vom «besten Mann» spreche, meine ich den besten aus dem Kreis der Gefährten des Propheten – der *Sahāba* –, die sich aus Männern von höchstem moralischem Ansehen zusammensetzte. Jeder Einzelne von ihnen war eine herausragende Persönlichkeit. Ich möchte hier nicht im Detail auf die Streitigkeiten eingehen, die diese beiden Gruppierungen im Laufe der Jahrhunderte ausgefochten haben, denn die Unterteilung in Sunniten und Schiiten sorgt bis heute für große Spannungen unter den Muslimen dieser Welt.

Auf beiden Seiten wirst du laute Stimmen hören, die den jeweils anderen anschuldigen, doch es gibt in beiden Lagern auch viele Muslime, die die Unterschiede als geringfügig und den gemeinsamen Glauben als das Wesentliche ansehen.

Bedenkt man, dass es weltweit angeblich rund 300 Millionen Schiiten und 1,4 Milliarden Sunniten gibt, müssen wir auf den Tag hoffen, an dem es den sunnitischen und schiitischen Geistlichen endlich gelingt, ihre Meinungsverschiedenheiten beizulegen und damit das größte Hindernis für den Frieden im Nahen Osten aus dem Weg zu räumen.

Neben diesen beiden großen Gruppierungen findest du im Islam noch unzählige andere Richtungen, wie beispielsweise die Salafisten, die jede überlieferte Tat des Propheten kopieren. Ihrer Ansicht nach ist nur Muslim, wer dem Propheten bedingungslos nacheifert. Hinter der Argumentation der Salafisten steckt eine überwältigende Logik. Der Prophet war der Gesandte Allahs. Wer sollte also besser wissen als er, was es bedeutet, ein Muslim zu sein? Aber woher wissen sie so genau, was der Prophet getan hat? Sie entnehmen es den Hadith, den Überlieferungen, einer Sammlung von Zeugenberichten zu Aussagen und Taten des Propheten. All diese Berichte niederzuschreiben, hat eine enorme gemeinschaftliche Anstrengung erfordert, die erst ungefähr 200 Jahre nach dem Tod des Propheten abgeschlossen war.

Heute streiten sich die diversen Gruppen, welche der Überlieferungen akkurat sind und welche nicht. Allein daran erkennst du, dass der Islam sehr unterschiedliche Richtungen einschlagen kann, je nachdem, welchen Mutmaßungen man letztendlich Glauben schenkt. Im sunnitischen Islam gilt jeder Muslim, der zur Zeit des Propheten gelebt hat, als verlässliche Quelle für dessen Aussprüche und Taten.

Im schiitischen Islam ist der Kreis der verlässlichen Quellen im Vergleich dazu winzig, da er nur die engsten Gefährten des Propheten umfasst. Das ist so, als würde man seine Lebensphilosophie auf einer Kurzgeschichte gründen oder auf einem Roman mit über tausend Seiten. Beides ist vom Prinzip her legitim, führt aber zu unterschiedlichen Ergebnissen. Beides sind Facetten des Islam.

Und dann wären da noch die Meinungsverschiedenheiten all jener, die darauf beharren, als Einzige die Wahrheit zu kennen. Dazu gehören Gruppen wie der sogenannte Islamische Staat (IS) in Syrien und im Irak, von dem du sicher schon gehört hast. Der IS hat eine sehr eingeschränkte Sichtweise des Islam, die weniger auf Texten basiert als vielmehr auf dem Glauben, im Islam gehe es um Regeln und Bestrafung. Dass jeder Fehler bestraft wird, erscheint manchen Muslimen sinnvoll, da es zu ihrer Vorstellung von Allah als Gesetzgeber passt. Gesetze zu respektieren, bedeutet Regeln einzuhalten. Wer die Regeln bricht, wird bestraft. Diese Haltung geht sogar so weit, dass man sich einbildet, jeder einzelne Aspekt des Lebens unterliege einer bestimmten Regel. Woraus wiederum folgt, dass es in jeder Situation, egal wie banal sie auch sei, nur eine korrekte Form des Verhaltens geben kann. Damit beginnt dann die Verfolgung jener, die sich nicht an die Regeln halten, und ehe man sich's versieht, leben die Menschen nicht in Furcht vor Allah, sondern in Furcht vor den selbsternannten Hütern seiner Gesetze.

Suchst du weiter im Westen, in Ägypten und Teilen Nordafrikas, findest du das entgegengesetzte Extrem, die Sufis. Der Sufismus, der zur vorherrschenden Glaubensrichtung des Sunnismus zählt, hat einen ganz anderen Zugang zur Gottesverehrung. Für Sufis hat der spirituelle Aspekt des Islam absoluten Vorrang. Die Verehrung Allahs stellt für sie eine Form der Liebe dar, und im Gebet sowie in den Rezitationen erleben sie eine spirituelle Ekstase. Gewalt und Bestrafungen sind ihnen hingegen fremd. Ihre Interpretation des Glaubens und des Lebens basiert vielmehr auf alten spirituellen Praktiken. Neben den eher politisch ausgerichteten Schulen des Islam spielen die Sufis, die oft als mystisch orientiert bezeichnet werden, keine besonders bedeutende Rolle, und so leidet auch Nordafrika unter den uns allen hinlänglich bekannten Heimsuchungen islamistischer Extremisten. Das Spektrum an Schattierungen und philosophischen Auslegungen des Islam ist so breit und vielfältig wie das menschliche Denken selbst – egal ob muslimisch oder nicht.

Bist du unerschrocken genug, wirst du dich zwangsläufig fragen, was alle diese Richtungen gemeinsam haben. Die Frage nach dem Wesen und der Identität des Islam wird immer wieder auftauchen. Was ist das Wesentliche im Islam? Worin unterscheidet er sich von anderen Religionen? Was macht dich zu einem Muslim? Die Briefe, die du hier liest, werden dir diese Fragen beantworten.

Du musst wissen, die Welt des Islam kann nach unterschiedlichen Kriterien unterteilt werden: Tradition, Philosophie, Politik oder Sprache. Schon auf der recht kleinen und dünn besiedelten Arabischen Halbinsel findet man neben den gemäßigten, kommerziell orientierten Muslimen der Küstenregionen – von der Hafenstadt Dschidda bis zum Inselstaat Bahrain – auch die ultrasittenstrengen Anhänger einer Richtung, die allgemein als Wahhabismus bekannt ist. Im Süden der Halbinsel, im Jemen, trifft man in der Region Hadramaut auf eine philosophisch kohärente und intellektuell sehr versierte Gruppierung, die sich durch Figuren wie Habib Ali Zain al-Abidin al-Dschifri auszeichnet. Dieser kann nicht nur seine Abstammung vom Propheten nachweisen, sondern ist auch Teil einer langen Reihe von Lehrern und Schülern, die bis zum Propheten zurückreicht. Muslime wie er strahlen oft eine außergewöhnliche innere Ruhe und Weisheit aus, die einen unmittelbar in ihren Bann ziehen. Interessanterweise kommen aus derselben Region auch ein paar der gewalttätigsten und aggressivsten Islamisten unserer Zeit. So ist Hadramaut auch die Heimat Osama bin Ladens (bzw. seines Vaters) und der Sitz von Al-Qaida auf der Arabischen Halbinsel.

Eine klar politisch orientierte religiöse Gruppierung, die sogenannten Muslimbrüder, findet man insbesondere in Ägypten, aber auch in Teilen Saudi-Arabiens und Kuwaits. Die Entstehung der Muslimbruderschaft geht auf das Ende des türkischen Kalifats unter dem säkularen Reformer Atatürk im Jahr 1924 sowie einen ägyptischen Dorfschullehrer zurück, der 1928 eine Bewegung etablierte, welche die Rückkehr zum islamischen Kalifat forderte und die islamistische Weltherrschaft anstrebte.

An der Ostküste Saudi-Arabiens sowie in Kuwait und Bahrain leben mehr als 2 Millionen Anhänger des Schiismus – historisch gesehen die politische Gegenbewegung zum dominanten sunnitischen Zweig des Islam. Als führende politische Macht verficht der Iran die Schia, aber auch im östlichen Saudi-Arabien, in Kuwait, in Bahrain und im Irak findet man Anhänger des Schia-Islam, der sich in verschiedene Strömungen unterteilt wie beispielsweise die Zaiditen im Jemen, die Ismailiten in Pakistan, die Alawiten in Syrien, die Drusen im Libanon und die Alewiten in der Türkei.

Gehen wir auf der Landkarte noch weiter, stellen wir fest, dass der Islam auch in Pakistan tief verwurzelt ist. Nach dem Rückzug der Briten aus dem kolonialisierten Indien wurde der Staat speziell für die muslimische Bevölkerung der Indischen Halbinsel gegründet. Aber auch Indien selbst hat noch eine muslimische Bevölkerung von 180 Millionen. Weiter im Osten liegt Indonesien mit einem riesigen muslimischen Bevölkerungsanteil von 250 Millionen, in schwarzafrikanischen Ländern leben Muslime, und selbst in Russland gibt es 20 Millionen Menschen muslimischen Glaubens. Diese Vielfalt an ethnischen Hintergründen ist nur ein Beispiel dafür, wie viele Sprachen und Traditionen aus der ganzen Welt in den islamischen Glauben einfließen, diesen reflektieren und bereichern.

Betrachtest du den Islam als eine große und reiche Tradition mit Wurzeln auf der ganzen Welt, macht es dich stolz. Du erkennst die globale Macht deiner Religion, der

Religion Allahs, und findest es beachtlich, wie aus den Bemühungen des Propheten Mohammed und der kleinen Gruppe seiner frühen Anhänger eine Weltreligion entstanden ist. Doch dann siehst du dir die Nachrichten an und stellst schockiert fest, dass Muslime nicht überall auf der Welt willkommen sind. Du machst Bekanntschaft mit der sogenannten Islamophobie, der «Angst vor Muslimen». Islamophobie ist eine Warnung und eine Anschuldigung zugleich: eine Warnung an alle Muslime, Orten ohne muslimische Mehrheit fernzubleiben, und eine Schuldzuweisung innerhalb von Gesellschaften, in denen alle Menschen, einschließlich der Muslime, eigentlich gleich sein sollten. Also fliehen wir von Orten, deren Bevölkerung angeblich islamfeindlich ist, und beschuldigen demokratische Länder, in denen vor dem Gesetz alle gleich sind, der Islamfeindlichkeit.

Was tut man als junger Muslim angesichts solcher Anfeindungen?

Überall in der arabischen Welt, aber auch in den Vereinigten Staaten und Westeuropa heißt es immer wieder, die meisten Muslime seien friedliebend und gemäßigt. Und idealerweise sollte das auch so sein. Menschen wie Reza Aslan, Tariq Ramadan und Abdullahi Ahmed An-Na'im vertreten diese Überzeugung, aber auch führende Politiker wie der ehemalige US-Präsident Barack Obama oder der frühere britische Premierminister David Cameron. Aber versteht es sich denn nicht von selbst, dass wir friedliebend und gemäßigt sind? Können wir uns da nicht absolut sicher sein?

Bestimmt kommen dir hin und wieder Zweifel. Ich weiß, dass es so ist, denn wir sprechen darüber. Wir beziehen unsere Nachrichten überwiegend aus dem Internet und von englischsprachigen Fernsehsendern, wo Terrorismus und Islam nur allzu oft in einem Atemzug genannt werden. Ich habe viel mit meinen Freunden gesprochen, und auch von ihnen fragen sich einige, wer denn überhaupt noch versteht, worum es dem Islam geht. Wie sollst du da mit deinen Zweifeln zurechtkommen? Aber du bist nicht alleine. Die Frage ist wichtig, und wir Erwachsenen sind nicht gerade gut darin, sie dir zu beantworten. Wissen wir überhaupt, was «friedliebend» bedeutet?

Nach dem Terroranschlag im Juni 2015 in Tunesien am Strand von Sousse erklärte der Premierminister: «Menschen, die so etwas tun, behaupten manchmal, es im Namen des Islam zu tun. Das ist falsch. Der Islam ist eine Religion des Friedens. Sie tun es im Namen einer verzerrten und pervertierten Ideologie, der wir uns mit allen Mitteln entgegenstellen müssen.»

Was er sagt, klingt vernünftig. Im Verhältnis zur Zahl der Muslime weltweit war die Zahl der Extremisten schon immer verschwindend gering. Dennoch besteht ein entscheidender Faktor in der Darstellung des Islam als Religion des Friedens darin, dass man mit jeder anderen Definition ein Anwachsen der Islamfeindlichkeit riskieren würde.

Islamophobie ist die ungerechtfertigte Anfeindung und Dämonisierung von Muslimen aus primär politischen Gründen. Sie ist ein ernstzunehmendes Phänomen, und eine Bekämpfung der Islamfeindlichkeit ist ganz in meinem Sinne. Womit ich jedoch nicht einverstanden bin, ist der Einfluss, den dieser Kampf gegen die Islamfeindlichkeit im Westen darauf nimmt, wie wir Muslime die Entwicklungen innerhalb unserer Glaubensgemeinschaft analysieren und begreifen. In vielen Ländern von den USA bis Russland, aber auch in diversen muslimischen Staaten wird derzeit eine Debatte geführt, die für die Weltgemeinschaft der Muslime von großer Bedeutung ist. Es stellt sich die Frage, ob allein die Gewalt des radikalen Islam bekämpft werden sollte oder auch die Hetze und die Verbreitung einschlägigen Gedankenguts, die dieser Gewalt vorausgehen. Im Westen verbleibt die Debatte aus Respekt vor der dort herrschenden Meinungsfreiheit in einem gewissen Rahmen.

In der arabischen und muslimischen Welt hingegen – in der man der Meinungsfreiheit eher ängstlich begegnet, um es einmal vorsichtig auszudrücken – nimmt die Debatte eine ganz andere Richtung. Radikale verbreiten dort ihre Botschaft auf eine Art, die uns schon in Fleisch und Blut übergegangen ist. In der Moschee oder bei den religiösen 24-Stunden-Sendern hörst du oft Äußerungen, in denen sich Friedliches mit Gewalttätigem mischt – und wir fangen gerade erst an, über die Konsequenzen derartiger Aussagen nachzudenken.

Weltweit gibt es heute 1,7 Milliarden Muslime. Kannst du dir das vorstellen? Und die meisten von ihnen leben den traditionellen Glauben in Einklang mit ihrer heimischen Kultur und Geschichte. Das alles wäre auch schön und gut so, wäre die Welt des Islam flach und ebenmäßig. Allerdings entspricht das Bild einer Pyramide wohl eher der Realität, und an der Spitze findest du die Fundamentalisten – restriktive, «authentische» Muslime, mit lauten Stimmen und klaren Vorstellungen. Aber was bedeutet das für dich? Nun, du musst dir Gedanken darüber machen, wie Menschen ihre Macht einsetzen und wozu. Vielleicht erscheint es dir noch ein bisschen früh, über diese Dinge nachzudenken, doch es geht hier tatsächlich um sehr viel Macht und Einfluss. Und Macht ist eine große Verlockung.

Die Zahl der Extremisten, die sich unmenschlich verhalten, Hass propagieren oder uns davon überzeugen wollen, die Welt bekämpfe den Islam, ist tatsächlich verschwindend gering. Dennoch dürfen wir mit Blick auf die Zukunft ihren Einfluss auf die 70 Prozent ungebildeter Muslime sowie die 100 Millionen Araber zwischen 15 und 29 Jahren, von denen 28 Prozent arbeitslos sind, nicht unterschätzen. Die arabischen Länder sind das Kerngebiet des Islam, das darfst du nicht vergessen, und daher sollte uns die Lebensqualität ihrer Bevölkerung ein ernsthaftes Anliegen sein.

Der Rest der Welt muss mit dem unglücklichen Umstand leben, dass die jungen Araber von heute den Charakter dieser Region in den kommenden Jahren entscheidend prägen werden. Das bedeutet, wir könnten Zeugen von noch mehr Wut und Zerstörung werden und, anstatt Produktivität und Fortschritt zu erleben, zu den traditionellen Institutionen der arabischen und islamischen Kultur zurückkehren. Unerbittliche Arbeitsmärkte, veraltete Gesetzgebungen, Sektiererei, eine schwache Konjunktur und nicht zuletzt der Einbruch des Erdölpreises, der nach Jahren des Überschusses 2015 ein regionales Defizit von 9 Prozent des Bruttoinlandsprodukts zur Folge hatte, stellen für unsere Jugend extreme Nachteile dar und bieten Grund zur Sorge. Arbeitslosigkeit ist in dieser Region (nach dem Machtgewinn des IS und der terroristischen Bedrohung) das drittgrößte Hindernis für den Fortschritt, und auch die Chancen für eine gute Hochschulbildung stehen nicht besonders gut. Zwischen 2014 und 2015 schaffte es nur eine von mehreren hundert arabischen Universitäten auf die Liste der 400 besten Hochschulen der Welt, die das britische Magazin *Times Higher Education* jährlich herausgibt. Hinzu kommt, dass 8,6 Millionen arabische Kinder, davon 5 Millionen Mädchen, keine Grund- oder weiterführende Schule besuchen.

Diese jungen Araber werden bald Einfluss auf die internationale Politik und die Weltwirtschaft nehmen. Und wohin steuert der Rest der muslimischen Welt?

Wohlstand, Versuchungen und Buße

Habibi Saif,

die arabische Welt, in die du hineingeboren wurdest und in der du aufgewachsen bist, ist eine andere als die vor 50 Jahren. Du merkst das, wenn du ältere Verwandte triffst, die ein altertümliches, etwas förmliches Arabisch sprechen und weder lesen noch schreiben können. Die Generation meines Vaters – deren Angehörige in den dreißiger und vierziger Jahren geboren wurden – wuchs in einer trockenen, wasser- und nahrungsmittelarmen Region auf, in die kaum Nachrichten vordrangen. Der Zweite Weltkrieg war weit weg und für das gemeinschaftliche Leben kaum von Bedeutung. Mein Onkel hat mir erzählt, wie schwer es damals war, an Reis zu kommen. Die Leute ernährten sich überwiegend von Fisch und Datteln, und die ohnehin großgewachsenen Jungen bekamen immer mehr, weil sie von der Servierplatte, die man allen gemeinsam vorsetzte, mehr Fisch ergatterten. Die Bevölkerung der Arabischen Halbinsel war klein. In Abu Dhabi, wo ich meine Kindheit verbracht habe, lebten damals nur ein paar tausend Menschen, und es gab bis in die späten fünfziger Jahre keine Straßen.

Dann wurde Erdöl entdeckt. In Saudi-Arabien fand man das erste Erdöl schon 1902, wenngleich die Förderung erst Jahre später einsetzte. In den übrigen Ländern der Region wurde das Erdöl in den dreißiger und vierziger Jahren entdeckt.

Spätestens 1973 sollte sich dann zeigen, welch enormen Einfluss das Erdöl nicht nur auf die Region, sondern auf die ganze Welt hatte. In diesem Jahr verhängten die erdölproduzierenden arabischen Länder ein Embargo gegen den Westen. Wir verkauften Ländern wie den Vereinigten Staaten, Kanada, Japan, Großbritannien und den Niederlanden kein Erdöl mehr, was einen explosionsartigen Anstieg der Erdölpreise zur Folge hatte.

Ihr drastisch gestiegenes Einkommen erlaubte es den erdölfördernden Staaten, in die eigene Wirtschaft zu investieren. Die Regierungen hatten Geld für Straßen, Schulen, Krankenhäuser, Häfen, zudem wurden Wohnungen für alle gebaut. Die enorme Expansion verlangte nach Menschen und Firmen, die alle Arten von Dienstleistungen anboten. Wer die Gunst der Stunde erkannte und etwas Glück hatte, machte ein Vermögen.

Aber was bedeutet das für die Welt, in der du heute lebst? Durch den Erdölreichtum konnten Regierungen und auch einzelne Hochvermögende ihre persönlichen Anliegen besser vorantreiben und umsetzen. Die Menschen auf der Arabischen Halbinsel ließen den uralten Kampf der Stämme ums Überleben hinter sich und dachten stattdessen darüber nach, wofür sie dieses unerwartete Geschenk Allahs einsetzen konnten und sollten. Aus diesem Grund spenden in arabischen Ländern auch so viele wohlhabende Familien erhebliche Summen für den Bau von Moscheen oder Brunnen in verarmten islamischen Gemeinden überall auf der Welt.

Auf der oft auch als Golfregion bezeichneten Arabischen Halbinsel sind die Auslegungen des Islam eher streng und unbarmherzig, was vielleicht der kargen Wüstenlandschaft geschuldet ist. Das Leben in der Wüste war hart und im wahrsten Sinne des Wortes schwarz-weiß. Die Landschaft bot nur wenige Farben, und bis in den späten fünfziger Jahren langsam der Erdölreichtum in die Region sickerte, gab es kaum Abwechslung. Heute ist die Arabische Halbinsel weit entfernt von dem Bild, das sie in den vierziger und fünfziger Jahren bot. In der Golfregion findet man in vielen Häusern zahlreiche Bildbände mit Hochglanzaufnahmen, die die Arabische Halbinsel vor dem Erdölboom zeigen – von Abenteurern wie Wilfred Thesiger aufgenommene Schwarz-Weiß-Fotografien von spindeldürren Beduinen mit langen ungekämmten Haaren, die ungläubig in die Kamera starren. Die Alten erzählen uns, wie mühsam und unerbittlich das Leben in der Wüste war. Erwachsene wie Kinder starben schon bei den kleinsten Anzeichen einer Krankheit, wobei Ruhr und Durchfall die häufigsten Todesursachen waren. Erst kürzlich fiel mir ein Notizbuch in die Hände, in dem die Namen, Geburtsdaten und Todesursachen einiger meiner Verwandten von 1850 bis 1940 aufgelistet waren. Der Großteil verstarb an unterschiedlichen Formen der Dehydratation, häufig schon kurz nach der Geburt, durchaus aber auch noch sehr viel später im Leben.

Die Art und Weise, wie wir derzeit unsere Schriften auslegen, lässt so gut wie keinen Raum zum Diskutieren, Philosophieren oder Grübeln. Vor 50 Jahren hingegen besuchten die Menschen die Moschee, lasen den Koran und kehrten dann zurück in den Alltag. Sie arbeiteten, verdienten ihren Lebensunterhalt und zogen die Kinder groß. Heute kannst du deine Abende damit verbringen, Hunderte von Fatwas zu lesen oder Videos von Selbstmordattentaten und Hinrichtungen von «Feinden des Islam» zu sammeln. Du kannst dir die Gräueltaten ansehen, die Menschen aus dem Westen an Muslimen in verschiedenen Ländern des Nahen und Mittleren Ostens verüben, oder ergreifend schönen Rezitationen des Koran lauschen. Jeder Einzelne von uns hat die Möglichkeit, seine natürlichen Empfindungen zu intensivieren und zu vergrößern. Das gilt natürlich für das gesamte Spektrum menschlicher Interessen, von der Pornographie über Videospiele, von Börsenspekulationen bis hin zu wissenschaftlichen Recherchen. Wir werden zu Gefangenen einer virtuellen Welt unmenschlich intensiver Emotionen. Dieses Phänomen findet sich überall auf der Welt: in der Wüste Arabiens, den Jugendzimmern der Londoner Vorstädte und den Weiten, die den Campus des Rochester Institute of Technology in Minnesota umgeben.

Ich kann mich noch gut daran erinnern, wie meine Freunde und ich als Kinder, Teenager und junge Männer mal laut lachten und mal leise weinten angesichts der vielen Sehnsüchte, die uns plagten, sowie der gleichzeitigen Anordnung, uns nicht gehen zu lassen. Ich hatte einen guten Freund, mit dem ich in einem Jahr gemeinsam betete und im nächsten wilde Partys besuchte. Ob ich dir die Details verraten sollte? Ich denke, lieber nicht. Es genügt zu erwähnen, dass die Erfahrungen von damals mir gezeigt haben, dass Menschen, die einerseits danach streben gut zu sein, andererseits aber auch das Leben kennenlernen möchten, leicht vom Weg abkommen. Mein Freund wechselte mit der Regelmäßigkeit eines Pendels von einem Extrem ins andere. Er konnte in einem Jahr beten, nach Mekka fahren und Buße tun, um dann im nächsten plötzlich betrunken mit einer oder zwei Frauen im Arm aufzutauchen, auf dem Weg zu einer wilden Orgie.

Ich denke oft über dieses Hin und Her nach, das ich selbst in unterschiedlichster Weise erlebt habe. Viele bekannte Persönlichkeiten, aber auch Menschen, die ich persönlich kenne, haben diesen Teufelskreis aus wilden Ausschweifungen und reuiger Buße ebenfalls durchlaufen. Und das geht keineswegs damit einher, dass sie Muslime oder in einem der Golfstaaten oder gar im Nahen Osten aufgewachsen sind. Dank meiner Mutter, die mich als Teenager mit den Klassikern der russischen Literatur bekannt gemacht hat, weiß ich, dass Lew Tolstoi, einer der großartigsten russischen Schriftsteller, sowohl für seine wilden Ausschweifungen als auch für seine exzessive Buße bekannt war. Und auch der nicht minder bedeutende Dostojewski war, obwohl besessen von der Religion und der Frage nach dem Göttlichen, gleichzeitig ein Sklave seiner Leidenschaften – insbesondere seiner Spielleidenschaft.

Ich denke, von diesen Männern gewusst zu haben, gab mir ein klein wenig Hoffnung, dem Teufelskreis irgendwie zu entkommen. Mit den Jahren wurde mir klar, dass das Sündigen, die moralischen Verfehlungen und das Schwachwerden angesichts all der Sehnsüchte, Versuchungen und Gelegenheiten, die sich uns bieten, nur allzu menschlich sind. Und mir wurde auch bewusst – wobei dies einige Jahre dauerte –, dass übertriebene Buße und der Versuch, begangene Sünden durch eine noch hingebungsvollere Frömmigkeit wettzumachen, genauso zerstörerisch sein können wie die ursprünglichen Verfehlungen.

Ich bin inzwischen zu der Überzeugung gelangt, dass wir uns mit unseren Verfehlungen nicht quälen und uns stattdessen irgendwo in einer ausgewogenen, nachsichtigen Mitte einpendeln sollten. Denn meiner Ansicht nach ist es ein ausgeglichenes Gleichgewicht, das uns in unserem heutigen Umgang mit dem Islam fehlt. Buße ist nicht dasselbe wie Selbstquälerei. Ich möchte, dass du und deine Generation das wisst. Du darfst dich von deiner Reue nicht überwältigen und dann ins andere Extrem treiben lassen. Extreme verzerren die Realität, das Wesen des Islam widerspricht jedoch jeder Verzerrung durch Extreme. Heute werden von jungen Männern – und manchmal auch Frauen – reihenweise schreckliche Verbrechen im Namen des Islam begangen. Anschließend erklärt man uns dann, die Täter seien keine besonders frommen Muslime. Einige von ihnen seien aus muslimischer Sicht sogar unmoralisch. Manche muslimische Anführer reden sich damit heraus, dass sie diesen Leute absprechen, den Islam zu repräsentieren – eine einfache Methode, sich von den Verbrechen zu distanzieren. Führen wir uns die Anschläge auf die Redaktion von *Charlie Hebdo* und den Konzertsaal *Bataclan* in Paris sowie den Nachtclub *Pulse* in Orlando vor Augen, müssen wir uns aber schon fragen, ob sie nicht genau das widerspiegeln, was uns unsere religiösen Führer lehren. Oder stimmt es etwa nicht, dass gewisse Strömungen des Islam reuige Büßer und wiedergeborene Muslime mit offenen Armen aufnehmen, um dann von ihnen zu verlangen, ihre Sünden durch extreme Gottesfurcht oder fanatische Taten wiedergutzumachen? Wir müssen uns endlich eingestehen, dass wir für abtrünnige Muslime, die Buße tun und sich dem Islam (wieder) ernsthaft zuwenden wollen, keine moderaten Lösungen vorzuweisen haben. Vielmehr haben wir uns aus unerfindlichen Gründen selbst auferlegt, dass die «Rückkehr» zu unserem Glauben nur unter unmenschlich extremen Bedingungen möglich ist.

In welchem Zusammenhang steht das mit unserem Teil der Welt? Ich glaube, dass die traditionelle Kargheit unseres Lebensraums und die körperliche Härte unseres früheren Lebens in krassem Widerspruch stehen zu unserem heutigen Wohlstand und den Versuchungen, die er für uns bereithält. Unsere neue Macht sowie die vielen neuen Möglichkeiten lassen uns krampfhaft an alten, traditionellen Formen des Glaubens und der Buße festhalten, weil uns ein natürlicher Ausgleich dafür fehlt.

Wir müssen wieder in ein Gleichgewicht zurückfinden, das es uns gestattet, menschliche Fehler zu machen, ohne dafür auf zerstörerische Weise Buße tun zu müssen.

Erinnerungsbruchstücke

Habibi Saif,

ich möchte dir gerne erzählen, wie es war, ohne Vater in einer muslimischen Welt aufzuwachsen. In vielerlei Hinsicht ähnelt es dem Großwerden als Außenseiter in einer anscheinend homogenen Gemeinschaft. Ohne einen Vater verspürst du schon früh ein gewisses Misstrauen gegenüber all jenen, die versuchen, dessen Rolle einzunehmen. Du fürchtest um alles, dessen du dir sicher bist, und verteidigst es vehement. Du vertraust niemandem, weil du weißt, gesundes Misstrauen wird dich sehr viel weiter bringen als blindes Vertrauen. Tatsächlich macht dir aber das Gefühl, niemandem trauen zu können, die positive Kraft des Vertrauens und seine Macht innerhalb der Gesellschaft erst so richtig bewusst.

Im Islam haben wir drei Tage Zeit, den Tod von Angehörigen zu betrauern. Danach geht das Leben weiter. Gräber werden in der Regel nicht gekennzeichnet – und wenn doch, dann nur mit einem Stein, der angeblich verhindern soll, dass die sterblichen Überreste beim Ausheben eines neuen Grabes versehentlich wieder zutage gefördert werden. Ich habe es immer als stark und tapfer empfunden, die Toten einfach so zurückzulassen. Mir selbst ist es allerdings nie gelungen, mich endgültig von meinem Vater zu verabschieden. Ich habe die Erinnerung an ihn stets in mir getragen und mir vorgestellt, was er wohl zu mir sagen oder an meiner Stelle tun würde – und so natürlich sehr viel länger um ihn getrauert als die erlaubten drei Tage.

In all den Jahren seit dem Tod meines Vaters 1977 habe ich bruchstückhafte Erinnerungen zusammengetragen und mir daraus ein lückenhaftes Bild dieses Mannes zusammengesetzt. Eines der wichtigsten Dinge, die ich dabei gelernt habe, war, wie stark unsere Vorstellungskraft selbst unter den erbärmlichsten Voraussetzungen ist. Mir Gedanken über das Leben meines Vaters zu machen, hat mir die Augen dafür geöffnet, wie wir uns Bilder von uns selbst und anderen machen, Persönlichkeiten erschaffen und unsere Geschichten schreiben. Und ich habe begriffen, wie wichtig dieser Prozess ist.

Das Leben meines Vaters, Saif Ghobash, war kurz, aber faszinierend. Er wurde 1933 als Sohn eines schon älteren Vaters, Saeed Ghobash, und einer sehr jungen Mutter, Fatimah al-Owaidh, geboren. Der Altersunterschied der beiden muss 40 Jahre oder mehr betragen haben. Sie lebten in einer extrem rauen Gegend, ähnlich der, in der sich heute die Vereinigten Arabischen Emirate befinden.

Die Ernährung war einfach. Datteln zum Frühstück, Reis und Fisch zu den anderen Mahlzeiten. Das Essen wurde oft gemeinschaftlich zubereitet und verzehrt, sodass es zwischen den Starken und den Schwachen häufig Kämpfe um den Fisch gab.

Die Geschwister meines Vaters waren alle deutlich älter als er. Sein ältester Bruder, Mohammed Saeed Ghobash, war bereits 38, als er geboren wurde, und selbst das zweitjüngste Kind war noch 25 Jahre älter als er. Sein Bruder Mohammed ging als einer der Ersten aus der Region nach Ägypten, um an der Azhar-Universität zu studieren. Um dorthin zu gelangen, musste er in den späten zwanziger Jahren durch ganz Syrien, Palästina und dann über Jerusalem nach Kairo reisen.

Von meinen Großeltern heißt es, sie seien innerhalb weniger Monate kurz nacheinander gestorben. Mein Vater, der damals ungefähr 12 Jahre alt gewesen sein dürfte, erbte zwei Sklaven und ein Stück Land. Mit 18 habe ich einmal einen dieser früheren Sklaven meines Vaters getroffen. Der Mann, der schon lange seine Freiheit erhalten hatte, war weit über 80, lebte aber noch immer in dem Haus, das ihm die Familie zur Verfügung gestellt hatte. Anfang des 20. Jahrhunderts war die Sklaverei in der Region zwar noch gang und gäbe. Da das Leben aber für alle gleichermaßen hart war, wurden Sklaven oft wie Familienmitglieder behandelt. Mein Vater beschloss seiner moralischen Überzeugung folgend, den Sklaven die Freiheit zu schenken, was aufgrund der althergebrachten Traditionen jedoch ernste Probleme nach sich zog. So wussten die Sklaven nichts mit ihrer neu gewonnenen Freiheit anzufangen. Der Mann, mit dem ich damals gesprochen habe, berichtete mir, er sei noch im Bauch seiner Mutter gewesen, als er gekauft wurde.

Ich erzähle dir diese Details, um zu unterstreichen, wie anders und hart das Leben Anfang des 20. Jahrhunderts in der Golfregion war; und weil sie zeigen, wie weit wir es seit diesen bescheidenen Anfängen bereits gebracht haben. Vieles, was wir über den Islam auf der Arabischen Halbinsel wissen, hat sich im rauen Klima der Wüste geformt und eingeschliffen. Darüber solltest du dir im Klaren sein, wenn du dir Gedanken machst, wie der Islam in einer Welt der Einkaufszentren, Smartphones und des weltweiten Tourismus funktionieren kann.

In den fünfziger Jahren war das Leben auf der Arabischen Halbinsel noch sehr überschaubar. Die Leute wussten, wer eine Reise unternahm und wann. Sie kannten die Namen aller Stämme und Unterstämme und wussten, wer mit wem verheiratet oder verwandt war. Du weißt, das spielt auch heute noch eine große Rolle, auch wenn es nicht mehr ganz so entscheidend ist wie damals. Die Staaten entlang der Golfküste waren durch ihre Familien und den Handel eng miteinander verbunden. Damals befuhren Dauen, die schönen traditionellen Schiffe, die du aus dem Hafen von Dubai kennst, die Handelsrouten des Golfs.

Im Nachbarstaat Kuwait fand dein Großvater schließlich Arbeit in einem Ingenieurbüro, wo ein Angestellter ihn und seine Kollegen dazu einlud, eine Organisation zur Befreiung Palästinas zu gründen. Die Palästinenser hatten erst ein paar Jahre zuvor damit begonnen, sich nach der Gründung des Staates Israel im Jahr 1948 selbst zu organisieren. Man befand sich noch in den entspannten fünfziger Jahren, und dieser Kollege namens Jassir Arafat war dabei, etwas aufzubauen, das er Palästinensische Befreiungsorganisation (PLO) nennen wollte. Die PLO entwickelte sich im Laufe der Zeit zu einer Art Vorkämpfer des palästinensischen Volkes, und so sollte mein Vater Jassir Arafat im Zuge seiner späteren Arbeit auch noch einmal begegnen.

Aus mir unbekannten Gründen wirkte mein Vater damals nicht an der Gründung der PLO mit und ist ihr auch nie beigetreten. Dennoch zeigen diese Ereignisse, wie klein und intim der Kreis der gebildeten Araber damals war; und sie zeigen auch, dass man nicht in religiösen, sondern in nationalen und sozialen Kategorien dachte. Es ging um Menschen und ihre Rechte, nicht um Religion und Macht. Das kam erst später.

Dann ermutigte ein Freund meines Vaters ihn, nach Deutschland zu gehen. Die Aussichten auf Arbeit dort waren gut, und so ließ er sich für sechs Jahre in Düsseldorf nieder. Der Mangel an Informationen und damit auch an Klarheit über diese Jahre frustriert mich. Es ist mir nahezu unmöglich gewesen, in Erfahrung zu bringen, was mein Vater in diesen Jahren tat und dachte. Was hat er in Deutschland gemacht? Welche Pläne hat er verfolgt? Die einzigen

Überbleibsel aus seiner Zeit dort sind ein paar Fotos aus den sechziger Jahren, eine Adresse sowie eine große Anzahl an Büchern auf Deutsch. Ich habe oft in diesen Büchern geblättert und versucht zu verstehen, wofür er sich damals interessierte und was ihn antrieb.

Mein Vater beschloss jedenfalls weiterzuziehen, und wie der Zufall es wollte, hatte die sowjetische Regierung gerade ein Stipendium für arabische Studenten eingerichtet. Meinen Nachforschungen zufolge profitierten von diesem Stipendium, solange es existierte, rund 2000 Araber. 1964 schrieb sich mein Vater an der Staatlichen Polytechnischen Universität in Leningrad, heute Sankt Petersburg, ein und machte dort 1968, inzwischen verheiratet mit meiner Mutter Lioudmila Alexandrovna Blagoveshenskaya, seinen Abschluss.

Sie war die Tochter von Alexander Blagoveshenskij und dessen erster Frau, meiner Großmutter, die 1945 im Alter von nur etwa 30 Jahren starb. Meine Mutter hatte einen jüngeren Halbbruder, Valerij, sowie eine Stiefschwester, Valentina. Die Geschwister wuchsen in der Industriestadt Rybinsk im Norden Moskaus auf, der Hauptstadt der Region Jaroslawl. Meine Mutter arbeitete, nachdem sie die Schule beendet hatte, zunächst drei Jahre lang in einer Chemiefabrik, bevor sie sich dann an derselben Universität einschrieb wie mein Vater. Die beiden lernten sich während des Ingenieurstudiums kennen und heirateten 1968. Vor kurzem hat mich ein Cousin auf Facebook ausfindig gemacht und mir von seinen Versuchen berichtet, mehr über unsere Familiengeschichte herauszufinden. Er konnte nachweisen, dass viele unserer männlichen Verwandten orthodoxe Priester waren, die 1918 von den Bolschewiki getötet wurden.

Die Lebensläufe meiner Eltern sind sich auf merkwürdige Weise sehr ähnlich. Beide wuchsen in ärmlichen Verhältnissen in unbedeutenden Gegenden ihrer Heimat auf. Beide profitierten von Regierungsstipendien und lebten jahrelang von Geld, das ihnen ihre Familien und Freunde liehen.

Kurz nach ihrer Heirat gingen meine Eltern zurück in die Emirate – die immer noch als britisch kontrolliert galten. In Abu Dhabi hatte man schon Erdöl entdeckt, und es gab Gerüchte, in anderen Emiraten könnte es ebenfalls fossile Kohlenwasserstoffvorkommen geben. Meine Eltern ließen sich in Ra's al-Chaima nieder, wo zur damaligen Zeit eine Art Immobilienboom herrschte. Viele Araber aus den reichen Golfstaaten Kuwait, Bahrain und Saudi-Arabien, die mit der Entdeckung neuer Erdölvorkommen rechneten, kauften dort Land.

Interessanterweise wurde in den nördlichen Emiraten aber nie Erdöl in kommerziell verwertbaren Mengen gefunden, sodass sich in Ra's al-Chaima noch immer große Landflächen im Besitz der Spekulanten der späten sechziger und frühen siebziger Jahre befanden. Mein Vater fand Arbeit als Ingenieur in der Verwaltung. Über die Jahre hatte er mehrere Sprachen erlernt, darunter Englisch, Russisch, Deutsch und klassisches Arabisch.

Schon bald arbeitete er teilweise auch im Umfeld des damaligen Herrschers von Ra's al-Chaima – Scheich Saqr ibn Muhammad al-Qasimi. Damals, 1971, schlossen sich die sechs direkt an der Golfküste gegenüber dem Irak gelegenen Emirate gerade zu den Vereinigten Arabischen Emiraten (VAE) zusammen. Das war noch vor der Iranischen Revolution, als der Iran noch von Mohammad Reza Schah Pahlavi regiert wurde, einem Angehörigen der iranischen Monarchie. Die Briten hatten bereits ihre Absicht bekundet, sich aus der Region zurückzuziehen, und unterstützten den Zusammenschluss der Emirate sowie die Bildung einer föderalen Regierung. 1972 schloss sich auch Ra's al-Chaima dieser Föderation an und wurde damit das siebte Mitglied der VAE.

Als die VAE 1971 offiziell ausgerufen wurden, besetzte der Iran umgehend drei zu Schardscha und Ra's al-Chaima gehörende Inseln. Mein Vater wurde in eine Gruppe unter der Führung des Herrschers von Ra's al-Chaima berufen, die daraufhin nach Teheran reiste, um dort mit dem Schah des Iran den Status der Inseln zu verhandeln. Es war der erste offizielle Einsatz meines Vaters bei einer außenpolitischen Mission. Kurz nach dem Beitritt Ra's al-Chaimas zur Föderation wurde mein Vater dann zum Staatssekretär des Außenministeriums in Abu Dhabi ernannt, der Hauptstadt der VAE. Und 1974 beförderte man ihn zum Außenminister mit Sitz im Ministerium. Meine Geschwister und ich kamen in schneller Folge 1969, 1971 und 1972 zur Welt.

Ich selbst wurde 1971, im Gründungsjahr der Vereinigten Arabischen Emirate, geboren, was mich immer mit einem gewissen Stolz erfüllt hat und mir als symbolisch für mein Selbstbild erscheint.

Die Grenzen unseres Wissens

Liebster Saif,

die Vereinigten Arabischen Emirate sind ein Zusammenschluss verschiedener, rund um die Spitze der Arabischen Halbinsel angesiedelter Stämme, die teils in der Wüste lebten und teils zur See fuhren. Im Laufe der Geschichte fielen sie unter die Kontrolle der Briten, die an einer sicheren Passage von Großbritannien nach Indien interessiert waren. Großbritannien errichtete ein sogenanntes Protektorat, was tatsächlich aber bedeutete, dass wir unter britischer Herrschaft standen, ohne einen nennenswerten materiellen Nutzen zu haben.

Historisch gesehen waren die VAE vom Konflikt zwischen den Arabern und Israel sowie der geschichtlichen Entwicklung in der gesamten Region bei weitem nicht so stark betroffen wie andere arabische Nationen. Die Emirate hatten schon immer eine klare Vorstellung ihrer Identität. Wir waren unbedeutende, aber entschlossene Überlebenskünstler mit einer jungen und dennoch ausgeprägten Kultur. Die Emirate waren und sind ein Land mit einem echten Interesse am Wohlergehen seiner Staatsbürger und

Bewohner, auch wenn die gerechte Verteilung des Wohlstands heute nicht mehr wie in den siebziger Jahren anhand staatlicher Landzuweisungen, sondern durch die Schaffung von Arbeitsplätzen und wirtschaftlichen Möglichkeiten für alle erfolgt. Der Fokus lag dabei schon immer auf dem Individuum – auf einem Emirati mit eigenem Charakter, eigener Persönlichkeit und eigener Identität. Rückblickend haben wohl nur wenige damit gerechnet, dass die Emirate überleben, geschweige denn erfolgreich sein würden.

In den Emiraten schlug der Terrorismus zum ersten Mal am 25. Oktober 1977 zu. Ich besuchte damals eine englischsprachige Schule gleich in unserer Straße. Es wurde noch unglaublich viel investiert und gebaut. Zahlreiche ausländische Baufirmen waren im Land, und daher gab es auch einige Schulen, an denen auf Englisch unterrichtet wurde. Der Bildungsstandard war dort sehr viel höher als an arabischen Schulen, weshalb meine Geschwister und ich dort hingeschickt wurden. Ich kann mich noch gut daran erinnern, wie ich eines Tages ohne Ankündigung aus dem Unterricht geholt wurde und man mir und meinen Geschwistern erklärte, wir hätten drei Tage frei. Wir jubelten. Als wir jedoch nach Hause kamen, fanden wir unsere Mutter weinend vor. Draußen im Garten standen Männer in kleinen Grüppchen. Die Frauen waren im Haus geblieben und sahen sich im Fernsehen die Übertragung einer Beerdigung an. Es war ein altes Gerät, mit Drehknöpfen und Holzblenden. Das Haus war voller Menschen. Es war heiß, und rückblickend kommt es mir vor, als wäre alles in Tränen geschwommen. Der Sarg war in eine Fahne der Emirate gehüllt, und ich fragte, wen man da beerdigte. Ich erhielt keine Antwort.

Dass es sich um die Beerdigung meines Vaters gehandelt haben muss, wurde mir erst Jahre später klar. Im Laufe der Zeit verbrachte ich noch zahllose Stunden damit, seine Lebensgeschichte zu rekonstruieren, was sich allerdings als sehr viel schwieriger herausstellen sollte als erwartet. Aber auch wenn viele Geschehnisse in seinem Leben verschwommen und in manchen Fällen schlicht und ergreifend unbekannt geblieben sind, war das ein erhellendes und lehrreiches Unterfangen für mich.

Das Leben meines Vaters aufzuarbeiten, hat mir persönlich neue Bereiche erschlossen. Durch die Auseinandersetzung mit einem Vater, der nicht mehr da war, weil er politischer Gewalt zum Opfer gefallen war, kam ich in direkten Kontakt mit der Art und Weise, wie wir bestimmten Dingen nachspüren. Ich stieß an die Grenzen dessen, was wir wissen können, beziehungsweise dessen, was uns zu wissen gestattet ist. Ich lernte die Grenzen legitimer Fragen kennen und machte Bekanntschaft mit einem selbstauferlegten Schweigen, das auf der Überzeugung beruht, dass manche Gedanken einfach nicht ausgesprochen werden sollten. In unserem Teil der Welt fehlen uns die rechtlichen Mittel, um die Kontrolle der Polizei durch Dritte zu gewährleisten und es uns zu erlauben, Handlungen der Regierung zu hinterfragen. Uns fehlen klare Mechanismen, um an Informationen aus den Regierungsgremien zu gelangen – legale Mechanismen, wie sie in fortschrittlichen Gesellschaften automatisch greifen.

Als ich die Tragödie mit etwas Abstand betrachten konnte, wurde sie für mich zu einer ergiebigen Quelle an Fragen. Ich machte mir Gedanken darüber, nach welchen Kriterien wir Fakten zusammentragen und inwieweit wir die Fakten überhaupt kennen können. Letztlich bleibt es uns überlassen, wie wir Geschichte schreiben – sei es nun unsere ganz persönliche Geschichte oder die offizielle. Denn was tun wir, wenn uns schlicht keine Fakten zur Verfügung stehen? Oder in der Lebensgeschichte, die wir rekonstruieren wollen, Lücken klaffen? Wir stellen uns ganz einfach vor, wie etwas gewesen sein könnte oder was ein Mensch logischerweise gedacht haben muss. Das heißt, wir projizieren einen Teil unseres eigenen Charakters in die Person, die wir rekonstruieren, hinein.

Die ersten dunklen Tage

Mein lieber Saif,

der Sommer 1977, in dem wir eine Kreuzfahrt durch das Mittelmeer und Schwarze Meer unternahmen, war wunderbar. Wir schwammen und spielten an Bord in der Sonne, schlenderten durch verschiedene Hafenstädte und trafen meine russischen Großeltern in Odessa. Diese kurzen Ferien sind mir sehr viel klarer in Erinnerung geblieben als zahlreiche andere Erfahrungen, die ich seither gemacht habe.

Ende des Sommers kehrten wir zurück in die Emirate nach Abu Dhabi und gingen wieder in die Schule. Dann kam der Tag, an dem man mich und meinen jüngeren Bruder von der Schule nach Hause holte und mein älterer Bruder sowie meine Schwester mit dem Flugzeug aus dem Internat zurückkamen. Meine Mutter bat meine Geschwister und mich, sich hinzusetzen, und dann erzählte sie uns, unser Vater sei gestorben und würde nicht wieder zurückkehren. Ich kann mich erinnern, dass mein kleiner Bruder und ich nicht wussten, was «gestorben» zu bedeuten hatte, und man uns erklärte, mein Vater sei an einen Ort gegangen, den man Himmel nennt. Wir wollten wissen, ob er zurückkommen würde. Wir waren fünf und sechs Jahre alt. Ich dachte, sterben würde man nur vorübergehend, so wie man ins Büro ging oder einkaufen, und sobald mein Vater damit fertig war, würde er wiederkommen. Mein Bruder konnte sich noch weniger vorstellen, was geschehen war, aber wir waren beide davon überzeugt, dass es nichts Schlimmes war.

Am Tag seiner Ermordung, so berichtete mir deine Großmutter, habe mein Vater oben an der Treppe gestanden und ihr gesagt, man hätte ihn unerwartet gebeten, die Syrer am Flughafen zu verabschieden. «Eigentlich ist es nicht meine Aufgabe, sie zu verabschieden», erklärte er. «Ich habe heute andere Dinge zu tun.» Aber er kam der Aufforderung pflichtbewusst nach. Meine Mutter sagt, er habe an dem Tag ausgesehen wie ein Engel. Da sei diese Aura gewesen. Mag sein, dass ihr das nur im Nachhinein so vorkam, aber sie sprach von einer Vorahnung, einem Gefühl, dass etwas geschehen würde.

Mein Vater eilte zum Flughafen, um sich dort mit den Besuchern und anderen Offiziellen zu treffen. Am Eingang fielen dann Schüsse, und inmitten des Aufruhrs soll sein treu ergebener Fahrer ihn noch in Richtung Wagen gezogen haben. Der Mann, der ihn getötet hat, war ein 19-jähriger palästinensischer Scharfschütze. Mein Vater war ein direktes Opfer der innerarabischen Waffenpolitik geworden, die damals eng mit der Palästina-Frage und den brutalen Massakern des Assad-Regimes an palästinensischen Flüchtlingen in den siebziger Jahren zusammenhing.

Aus kurzen Gesprächen, die ich im Laufe der Jahre immer wieder zufällig führte, erfuhr ich nach und nach, welche Bedeutung dieser Tag für die Leute hatte. Die Nachricht, der Attentäter sei ein Palästinenser gewesen, verbreitete sich recht schnell, und die Emirati reagierten darauf aus verschiedenen Gründen teils wütend, teils mit glühendem Zorn. Die Emirate hatten Palästina und das palästinensische Volk unter der Präsidentschaft von Scheich Zayid bin Sultan Al Nahyan, dem Gründer der Vereinigten Arabischen Emirate, immer bestmöglich unterstützt und der palästinensischen Sache große Summen zur Verfügung gestellt. Sie hatten ihre Tore weit geöffnet, und viele Palästinenser arbeiteten und lebten in den VAE.

Auch mein Vater war ein überzeugter und lautstarker Unterstützer der Palästinenser gewesen. In New York hatte er bei den Zusammenkünften der UN-Vollversammlung flammende Reden für ihre Rechte gehalten. Dass ausgerechnet er getötet wurde, und das auch noch von einem Palästinenser, war eine grausame Ironie, die für viel Aufregung sorgte. Ein enger palästinensischer Freund meines Vaters hat mir erzählt, dass jeder, der damals nicht die traditionelle Kleidung der Emirate trug, riskierte, auf offener Straße von rachsüchtigen Emirati verprügelt zu werden. Auch er selbst habe zu große Angst gehabt, um an der Bestattung seines engen Freundes teilzunehmen und zu dessen Ehren zu beten. Anderen Freunden ging es ähnlich.

Die Zeitungen waren voll von der Nachricht. Es erschienen seitenweise Fotos und detaillierte Berichte. Am deutlichsten ist mir ein Foto in Erinnerung geblieben, das teilweise von Kugeln zersplitterte Fensterscheiben zeigte. Auf dem verschwommenen Bild waren schwarze Kreise zu erkennen, mit denen man die Löcher gekennzeichnet hatte, um die Schüsse zu zählen. Auf einem anderen Foto war die Position des Schützen auf einem Treppenabsatz im ersten Stock markiert. Er hatte von oben in die Gruppe geschossen, als diese das Flughafenterminal durch den Haupteingang betrat.

Ich habe die Zeitungen vom 26. Oktober 1977 und von den darauffolgenden Tagen immer und immer wieder gelesen. Als Kind wollte ich unbedingt wissen, was passiert war. Ich wollte jedes Detail kennen, wollte wissen warum und wie und was und wo und dann wieder warum. Ich habe diese Zeitungen 1983 mit zwölf Jahren zum ersten Mal gesehen, und ihre emotionale Wirkung war gravierend. Ich habe sie über mehrere Tage gelesen und dann wieder in die Stahlkoffer gepackt, in denen meine Mutter sie aufbewahrte.

In den folgenden Jahren habe ich sie dann immer wieder hervorgeholt, und dabei sind mir weitere Details aufgefallen, darunter auch einige Teile, die fehlten. Ich konnte das Rätsel nie ganz lösen, aber die Zeitungen haben bleibende Eindrücke bei mir hinterlassen. Mit der Zeit wurde mir durch das Bild, das die Presse innerhalb weniger Tage gezeichnet hatte, sehr bewusst, wie brutal einem das Leben genommen werden kann – ohne Vorwarnung und ohne ersichtlichen Grund. Mein Vater hatte wohl bis zur letzten Sekunde seines Lebens nicht die leiseste Ahnung, warum man ihn an diesem Tag erschoss. Und hätte er gewusst, dass seine Witwe und seine Kinder im Jahr 2017, fast 40 Jahre später, in seinem Tod noch immer keinen Sinn erkennen können, dann wäre er wohl noch erstaunter gewesen. Das Attentat war ein fataler Fehler, eine Art tragischer Komödie, in der ein blutjunger Palästinenser mit einem Gewehr und einer Mission sich nicht entscheiden kann, welchen von zwei gleich großen, gleich gebauten Männern in Anzug er laut Auftrag erschießen soll.

Mit großer Bitterkeit denke ich dabei auch an andere Ereignisse, bei denen eine fehlende Ausbildung oder der in der arabischen Welt herrschende Bildungsmangel schon zu Tragödien geführt haben. Doch ich erzähle dir diese Familiengeschichte nicht nur, weil sie auch Teil deiner Geschichte ist. Mir hat die Ermordung deines Großvaters deutlich gemacht, bei wie vielen Gelegenheiten wir uns der Gewalt bedienen, um unseren Willen durchzusetzen. Es lässt sich nicht abstreiten, dass die Gewalt in gewisser Weise Teil unseres Lebens ist, und ich möchte, dass du dir Gedanken machst, warum das so ist.

Jahre nach dem Attentat suchte ich in einem Krankenhaus in Abu Dhabi einen Arzt auf, der unsere Familie schon seit Jahren kennt. Er nahm einen Stift und skizzierte auf einem Blatt Papier ein Herz mit durchtrennter Arterie. Das war es, was eine der Kugeln bei meinem Vater angerichtet hatte. Verschiedene Leute haben mir von seinen angeblichen letzten Worten berichtet, aber was er tatsächlich gesagt hat, werden wir wohl nie erfahren. Es ist immer wieder faszinierend, wie viele Menschen sich irgendwelche Begebenheiten oder Äußerungen ausdenken, nur damit man sich besser fühlt. Meines Wissens hat mein Vater noch vor Ort so viel Blut verloren, dass er die Fahrt ins Krankenhaus unmöglich überlebt haben kann. Die Berichte darüber, wer ihn an diesem Tag aus dem Flughafen geschafft und ins Krankenhaus gefahren hat, gehen weit auseinander, sodass ich heute nur vermuten kann, was damals tatsächlich geschehen ist. Das hat mir klar vor Augen geführt, wie unzuverlässig solche Berichte sind und wie unterschiedlich schon die kleinsten Ereignisse wahrgenommen werden. Du solltest dir dessen stets bewusst sein, insbesondere dann, wenn Leute behaupten, mit absoluter Sicherheit zu wissen, was vor Hunderten von Jahren geschehen ist.

Das Leben meines Vaters endete in zerstörerischer Gewalt. Als ich mit zwölf die Zeitungen mit den Berichten über seine Ermordung las, glaubte ich, es existiere nur die Gewalt, die gegen meinen Vater gerichtet war. Nur sie hatte in diesem Moment Präsenz und eine Bedeutung für mich. Dabei handelte es sich eindeutig um eine Form von Gewalt, die den Moment überdauert und Jahre anhält. Was mich am meisten überraschte und mein Handeln bis heute antreibt, sind die unauslöschlichen Spuren, die diese Gewalt auch im Leben meiner Mutter, meiner Geschwister und sogar in deinem Leben und dem deines Bruders hinterlassen hat. Ich erinnere mich, wie du dich mit sechs ein ganzes Jahr lang davor gefürchtet hast, ich könnte sterben, so wie mein Vater gestorben war, als ich sechs war.

Wir alle leben mit dem schrecklichen Gedanken, wir könnten sterben, bevor unsere Kinder erwachsen und selbständig sind und eine gewisse Lebenserfahrung haben. Jedes Mal, wenn wir das Haus verlassen, stellen wir uns vor, wir könnten nie wieder zu euch zurückkehren. Natürlich müssen wir dieser Angst irgendwie entgegenwirken, und das Einfachste wäre, zu akzeptieren, dass es Gewalt immer schon gegeben hat und immer geben wird. Unglücke geschehen. Das Leben ist, wie es ist. Aber das genügt mir nicht, und deshalb muss ich jetzt gleich alles aufschreiben, was ich dir weitergeben und vermitteln kann. Auch wenn es für dich vielleicht erst in etlichen Jahren einen Sinn ergeben wird.

Ich habe selbst lange Zeit nicht wahrgenommen, wie vorherrschend die Gewalt in unserer Gesellschaft ist. Tatsächlich hat es Jahre gedauert. Man könnte auch sagen, es ist mir erst nach und nach ins Bewusstsein gesickert.

Die einschneidende Erkenntnis, dass wir in der arabischen Welt inmitten von Gewalt leben, kam mir erst, als ich 18 war und Saddam Hussein in Kuwait einfiel. Damals erreichten uns die ersten detaillierten Berichte von Gewalttaten an Menschen, die wie wir waren, wie die Leute in den Emiraten. Die Zusammenhänge, die zu diesem Gewaltausbruch im Jahr 1990 führten, hatten sich bis dahin nur vage abgezeichnet.

Damals folgte die Rhetorik der arabischen Medien und Schulen der Überzeugung: Die Araber sind ein Volk und eine Nation, geeint durch eine gemeinsame Sprache. Wir alle waren der Idee verfallen, das arabische Volk setze sich aus verschiedenen Stämmen und Ethnien zusammen, die von ihrer gemeinsamen Sprache zusammengeschweißt wurden. Es herrschte der Traum einer vereinten arabischen Welt von Marokko bis nach Oman, vom Atlantik bis an den Indischen Ozean.

Mit Ausnahme des Jemen, der über wenig Erdöl, aber eine vergleichsweise große Bevölkerung verfügte, erlebten alle Staaten der Arabischen Halbinsel in den siebziger und achtziger Jahren einen gewaltigen Wirtschaftsaufschwung, und zwar dank der hohen Erdölpreise sowie der bis dahin fehlenden Infrastruktur, die es fast komplett neu zu errichten galt. Während der achtziger Jahre führte der Irak jedoch einen Krieg gegen den Iran, der verhindern sollte, dass die Iraner ihren Einfluss in der Region immer weiter ausbauten. Viele sahen darin eine generelle Verteidigung der Golfstaaten gegen den Iran. Mit dem Ende des Ersten Golfkriegs 1988 war die irakische Regierung allerdings hoch verschuldet und forderte von den Golfstaaten finanzielle Mittel für den Wiederaufbau. Kuwait und der Irak haben eine gemeinsame Grenze, an der auch einige Erdölfelder liegen. Nun befand Saddam Hussein, der damalige irakische Führer, Kuwait habe dem Irak von diesen gemeinsamen Feldern Erdöl gestohlen. Mit erhobener Faust und allerlei Drohungen forderte er eine Wiedergutmachung.

Und dann tat Saddam Hussein etwas, womit keiner gerechnet hatte: Er marschierte in Kuwait ein.

Wieder brach Gewalt aus. Wieder zwischen muslimischen Ländern. Der Einmarsch in Kuwait 1990 und die allgemeine Euphorie darüber in den arabischen Nicht-Golfstaaten führte uns vor Augen, wie viel Hass die weniger begünstigten Länder gegen uns hegten. In anderen Golfstaaten feierte man in den Häusern der Exilanten, dass die Kuwaiter endlich ihre Quittung bekamen. Auch die PLO unterstützte den Einmarsch, und in Jordanien, im Jemen sowie im Südlibanon wurde für Saddam Hussein demonstriert. Er galt als Befreier und Retter des arabischen Volkes – vermutlich vor Israel und den Petrostaaten. Die physische Gewalt diente nicht nur der politischen Positionierung, sondern war auch Ausdruck einer politischen Haltung. Sie machte unmissverständlich klar, wer Freund und wer Feind war. Und sie zeigte uns unmissverständlich, dass wir uns unter anderem auch darüber definieren, wie andere uns sehen. Die Bewohner der ärmeren und bevölkerungsreicheren Regionen der arabischen Welt verachteten uns als wohlhabende, erdölverwöhnte und ignorante

Wüstenbewohner. Für die Golfaraber meiner Generation stellte der Einmarsch in Kuwait sowie die anschließende Befreiung einen Wendepunkt in unserem Selbstverständnis dar, weil wir uns damals bewusst wurden, dass andere Araber und Muslime uns nicht mochten. Wir begriffen, dass wir nicht mehr in unseren Dörfern und traditionellen Städten lebten. Die Golfstaaten hatten die globale Weltbühne betreten. Das Erdöl war eine großartige Ressource, die es uns ermöglichte, in den Aufbau unserer Länder und die Bildung unserer Bevölkerung zu investieren. Für die bevölkerungsreichen ärmeren Länder in Nah und Fern geriet das Erdöl jedoch zu einer geopolitischen Obsession. Ob es uns passte oder nicht, wir waren wichtig geworden.

Einige Jahre nach dem irakischen Einmarsch in Kuwait, ich hatte gerade mein Studium beendet, las ich eine kurze Zusammenfassung der Geschichte der arabischen Welt von einem bekannten Autor. Zunächst einmal definierte er die wahren Anfänge der arabischen Welt als den Zeitpunkt, zu dem der Prophet Mohammed seine Botschaft erhalten hatte, und führte nachfolgend aus, weshalb die Araber – dank des Islam – seither das beste Volk, die beste Rasse und die beste Nation waren. Dann überraschte er mich mit einer kurzen Betrachtung der Araber vor den Anfängen des Islam, in der er darlegte, die Araber seien auch damals schon das beste Volk, die beste Rasse und die beste Nation gewesen – im Gegensatz zu den Persern oder Römern, die angeblich Inzest praktiziert und sich ganz allgemein durch moralische Verwerflichkeit und Korruption ausgezeichnet hätten. Im Lauf der Jahre hat mich immer wieder das Gefühl beschlichen, dass wir Araber, was unsere Vergangenheit angeht, nicht gerade sonderlich wahrheitsliebend oder objektiv sind. Wir können doch unmöglich vom Anbeginn der Zeiten bis zum heutigen Tag durchgehend perfekt gewesen sein? Du wirst diesem Thema in der Diskussion mit deinen Freunden sicher häufiger begegnen. Unser Motto lautet: Wir sind die Besten und müssen uns zusammenschließen, um unsere Feinde zu besiegen. Ich denke, es ist dein gutes Recht, dir dieses Motto anzuhören. Du wirst feststellen, dass die Überzeugung, wir Muslime seien die Besten, weit verbreitet ist und man nicht einmal ansatzweise daran denken darf, es könnte im Moment vielleicht nicht so sein. Das hat sehr viel mit den Aussagen des Koran und den Aussprüchen des Propheten zu tun. Dennoch ist es mir unangenehm, wenn jemand, der ganz offensichtlich nicht zu den Besten zählt und auch keine Anstalten macht, etwas gegen seine missliche Lage zu unternehmen, mir gegenüber so etwas behauptet. Faulheit, Überheblichkeit und Ignoranz sind keine Tugenden der Besten. An dieser Stelle darf also festgehalten werden: Allah möchte vielleicht, dass wir die Besten sind. Vielleicht fordert er sogar, dass wir die Besten sind. Aber davon, seiner Forderung gerecht zu werden, sind wir noch weit entfernt.

Du darfst es ruhig seltsam und vielleicht auch ein wenig überraschend finden, wenn die Menschen, denen du da draußen in der Welt begegnest, nicht unbedingt alles daransetzen, dich und deine Ansichten zu verstehen. Und du wirst oft genug feststellen, dass es trotz deiner Zugehörigkeit zur weltweiten Gemeinschaft der Muslime nicht nur ein paar Muslime sind, mit denen du nicht derselben Meinung bist, sondern sogar sehr viele. Vielleicht fühlst du dich schuldig deswegen, aber das musst du wirklich nicht. Du erlebst exakt dieselbe Realität wie alle anderen, nur dass du sie aus der Perspektive einer anderen Gedankenwelt betrachtest. Ich spreche hier von der ganz speziellen Gedankenwelt in deinem Kopf. Und ich versichere dir, der Islam ist flexibel genug, um dich auch in einer Welt, die überwiegend aus Grauzonen besteht, zu leiten.

Früher dachte ich immer, eindeutige Antworten – schwarz oder weiß – seien ein Segen. Doch mit der Zeit erschien mir das als zunehmend unzureichend. Denn du darfst nicht vergessen, diese unumstößlichen Aussagen sind nicht die Antworten, die uns der Islam gibt, sondern nur die jeweiligen Antworten einer «sachkundigen» Person, die sich in den Schriften auskennt.

Du und deine Freunde, ihr macht diese Erfahrung andauernd. Jedes Mal, wenn ihr nach einem Kinobesuch über den gerade gesehenen Film diskutiert, stellt sich heraus, dass jeder von euch ihn ein klein wenig anders gesehen hat. Ihr habt die Figuren verschieden wahrgenommen und die Geschichte unterschiedlich interpretiert. Ein paar haben den Kinosaal womöglich kurz verlassen und eine entscheidende

Szene verpasst. Andere sind vielleicht immer mal wieder eingedöst, weil sie die Handlung nicht so richtig spannend fanden. Ihr habt dann zwar alle denselben Film gesehen, und auch der Film selbst hat sich nicht verändert. Denn er ist tatsächlich absolut unveränderlich. Doch dessen ungeachtet hat jeder von euch ihn auf seine ganz individuelle Art gesehen. Und so ist er für jeden von euch im Grunde eine andere Erfahrung.

Damit will ich sagen, es wird immer und in allem Unterschiede und Abweichungen geben, auch in Dingen, bei denen man dir beigebracht hat, dass du in Bezug auf sie mit Stabilität und unmissverständlicher Klarheit rechnen kannst.

Das Leben ist vielfältig. Leben bedeutet, mit Unterschieden klar zu kommen. Jeder, der dir sagt, Unterschiede gehören ausgemerzt, will das Leben ausmerzen. Jene, die bei den schwierigen Fragen des Lebens auf ihren schwarzen und weißen Antworten beharren, leugnen damit die Vielfalt, die jeder Form von Leben innewohnt.

Und wer um alles in der Welt behauptet das?

Habibi Saif,

woher stammt religiöses Wissen? Wer hat das Recht, Aussagen über den Islam zu treffen? Du wirst im Lauf deines Lebens vielen Menschen begegnen, die dir sagen, was du zu tun und zu lassen hast und auch wann. Ich möchte, dass du ihnen gegenüber höflich bist, aber auch den nötigen Respekt vor deinem Verstand und deinem freien Willen einforderst. Gerade dann, wenn das, was andere dir erzählen, sehr überzeugend klingt, solltest du besonders viele Fragen stellen. In der heutigen Welt muss man mehr als nur kritisch sein und bei seinen Entscheidungen vieles in Betracht ziehen. Bleib stark und überlasse dein Schicksal nicht anderen.

Als ich sechs Jahre alt war, haben mein Vater und ich einmal gemeinsam ferngesehen. Es war später Nachmittag. Über den kleinen Bildschirm flimmerte ein Mann, der den Koran rezitierte. Er trug die traditionelle Kleidung eines Absolventen des altehrwürdigen Zentrums der sunnitischen Lehre, der Azhar-Universität in Kairo: einen grauen Mantel mit kleinen Knöpfen, die bis unter das Kinn zugeknöpft waren. Sein Hals war kaum zu sehen. Auf dem Kopf trug er den berühmten Azhar-Turban, ein breites weißes Band mit einem flachen rubinroten Deckel wie bei einem Fez. Der Mann war hochkonzentriert. Mit geschlossenen Augen, die Hand an die rechte Ohrmuschel gelegt, wiegte er sich sanft vor und zurück, während er die Verse des Koran sang. Ich wandte mich an meinen Vater und wollte von ihm wissen, ob dieser Mann im Fernsehen Allah sei. Mein Vater lächelte und erklärte mir, wir könnten Allah nicht sehen und der Mann auf dem Bildschirm sei nicht Allah.

Ich wusste nicht, dass Allah – oder Gott, wie er in anderen Religionen genannt wird – nicht in menschlicher Form auftritt. Ich war davon ausgegangen, Allah sei für jedermann sichtbar und eines Tages würde auch ich ihn sehen.

Diese kleine Anekdote lässt mich an Situationen denken, in denen Menschen hier und da sich die Autorität Allahs einfach anmaßen und von uns ein bestimmtes Denken oder Handeln verlangen, als wären sie Allah selbst oder sein Stellvertreter auf Erden.

Ich möchte, dass du vor Leuten auf der Hut bist, die anderen mit einer scheinbar unbeirrbaren Überzeugung und Autorität vorschreiben wollen, was diese zu tun und zu lassen haben. Solche Leute bringen uns letztlich immer irgendwie in Schwierigkeiten. Du weißt sicher, von welcher Art von Menschen ich spreche. In der Schule oder auf dem

Spielplatz sind es der Junge oder das Mädchen, die immer am lautesten schreien, die anderen Kinder schikanieren, die Regeln bestimmen und, wann immer es ihnen in den Kram passt, die Regeln kurzerhand wieder ändern. Auf dieses Verhaltensmuster wirst du auch in der Religion treffen.

Interessanterweise rechtfertigen Menschen, die religiöse Autorität für sich beanspruchen, das eigene Verhalten stets damit, im Dienste des Göttlichen zu stehen und damit einhergehend die Erlaubnis beziehungsweise eine Art Freiheit zu besitzen, gelegentlich «schwach» zu sein. Man kennt das aus den Nachrichten: Dschihadisten, die Alkohol trinken und Vergnügungsbars besuchen, Sexskandale in der katholischen Kirche, buddhistische Mönche, die in Privatjets nach Übersee fliegen, um ihr Vermögen zu verwalten. Es steht außer Frage, dass ich hier keineswegs alle Männer und Frauen anprangern möchte, die sich der Religion verschrieben haben. Ganz und gar nicht.

Ich will dir damit nur klar machen, auch jene mit einer sehr überzeugenden Autorität sind letztlich nur Menschen wie du und ich – Menschen, die sich von altbekannten Versuchungen wie Macht, Geld und Sex durchaus vom Weg abbringen lassen. Als Kind neigte ich dazu, die Überlegenheit dieser Menschen allein aufgrund ihres Auftretens fraglos anzuerkennen. Sie trugen besondere Uniformen, verfügten über ein außergewöhnliches Wissen und äußerten sich mit einer Abgeklärtheit, die nur von tiefgehenden Gedanken und großem Leiden herrühren konnte. Was sie sagten, erschien uns oft genug rätselhaft, aber wir konnten sie ja nur deshalb nicht verstehen, weil wir schlicht und ergreifend nicht weise oder gut genug dafür waren.

Du musst wissen, die Aura der religiösen Autorität kann sich wie ein verhüllender Schleier über sehr viel weltlichere Dinge legen. Wir alle wünschen uns, wahrhaft gute Menschen um uns oder zumindest in unserer Nähe zu haben. Das ist in einer sich ständig verändernden Welt, in der alle nach Gewissheit suchen, eine nur allzu menschliche Schwäche. Sobald wir glauben, einen solchen Menschen gefunden zu haben, sind wir daher allzu gerne bereit, ihm unseren Respekt oder gar unsere Liebe zu schenken. Wir schreiben ihm Qualitäten zu, die er – was für andere ganz offensichtlich ist – gar nicht besitzt. Hüte dich davor, anderen eine eingebildete Tugendhaftigkeit zuzuschreiben. Denn die Tugendhaftigkeit, die du in anderen siehst, ist womöglich nur deine eigene. Richte den Blick also lieber nach innen und erkenne, was deine eigene Tugend wert ist.

Die Frage der Autorität stellt sich in allen Religionen und erstreckt sich auf den Arbeitsplatz, die Schule, die Universität und jeden anderen Ort menschlichen Zusammenlebens.

Es gibt immer einen, der behauptet, es besser zu wissen als alle anderen. Meine Gutgläubigkeit gegenüber jenen, die innerhalb einer Gruppe Autorität für sich beanspruchen, ist im Laufe meines Lebens jedoch einer gewissen Skepsis gewichen. Und ich wünsche mir, dass du etwas schneller zu einer solch kritischen Einstellung findest als ich. Wir bekommen oft Sätze wie «im Zweifel für den Angeklagten» zu hören. Man sagt uns, eine Person sei im Grunde ihres Herzens gut und wir dürften sie nicht nur nach ihrem Verhalten beurteilen. Oder jemand sei so gebildet, dass nur diejenigen, die fast ebenso klug sind, seine Weisheiten wirklich verstehen könnten.

Das mag sein, die andere Seite der Medaille ist jedoch, dass man dir so weismacht, du selbst hättest nicht die nötige Autorität, dich zu bestimmten Themen zu äußern. Auch das wird dir in allen Lebensbereichen, einschließlich der Religion, immer wieder begegnen. Ein Autoritätsgewinn auf der einen Seite bedeutet in der Regel einen Autoritätsverlust auf der anderen. Man wird dir sagen, du sollst dich unterordnen, Befehlen folgen, dich als Teamplayer beweisen, deinen Job machen, dich auf das konzentrieren, was du am besten kannst – und die wichtigen Dinge anderen überlassen.

Was ist der wahre Islam?

Habibi Saif,

in deiner Auseinandersetzung mit der Welt des Islam wirst du feststellen, dass Leute, die vom Islam sprechen, dies auf mindestens zwei bezeichnende Arten tun. Zum einen wird vom Islam oft so gesprochen, als existiere er in einer perfekten Form irgendwo in einer anderen Welt. Das ist dann der «wahre Islam» oder eben der Islam, wie er war, bevor schwache und dumme Menschen ihm allerlei Neuerungen und verfälschende Elemente hinzufügten. Es handelt sich dabei um einen sehr abstrakten Begriff vom Islam, der seine Existenz und Sinnhaftigkeit in einer Form voraussetzt, die nicht von Menschen praktiziert wird. Ich empfinde das als schwer nachvollziehbar.

Zum anderen wird häufig von einem Islam gesprochen, den wir in unseren jeweiligen religiösen Gemeinschaften tatsächlich praktizieren. Aber könnten wir den abstrakten Begriff des wahren Islam nicht auch anders interpretieren? Vielleicht indem wir ihn nicht als eine Ansammlung starrer Doktrinen betrachten, sondern berücksichtigen, dass die Wahrheiten des Islam in verschiedenen Kulturen, verschiedenen Landschaften und zu verschiedenen Zeiten unterschiedlich zum Ausdruck kommen. Anstatt wie manche zu glauben, es könne nur eine einzige Version des Islam geben, der sich alle Muslime anzupassen hätten, sollten wir uns lieber einmal richtig umsehen und die Vielfältigkeit anerkennen, in der die Menschen den Islam tatsächlich leben. Anstatt in Schwarz-Weiß sollten wir in allen Farben des Regenbogens denken und den Islam als einen Glauben großer moralischer und ethischer Fülle begreifen. Die Angewohnheit, alles schwarz-weiß zu sehen, führt unter Muslimen zu unnötigen Konflikten und beraubt uns all unserer Menschlichkeit. Wieso? Indem wir den Wert anderer kultureller Annäherungen an den Islam abstreiten, lehnen wir genau das ab, was uns zu etwas Besonderem macht. Du musst den Blick nur auf Zentral- und Südasien richten, um zu erkennen, dass örtliche Traditionen sich mit dem Islam durchaus mischen und mit ihm zusammenwirken können. Oder sieh dir an, was Muslime in den Innenstädten der USA tun und sagen. Geh in Universitäten überall auf der Welt und hör dir an, wie die Akademiker dort ihren islamischen Glauben mit den modernsten philosophischen Denkansätzen vereinbaren. Der Islam ist nicht Eigentum der arabischen Welt. Der Islam gehört allen.

Eine solche Interpretation begreift den Islam als eine Reihe von Prinzipien, die auf der Menschlichkeit des Koran und der Weisheit des Propheten gründen. Sie lässt jeder Gemeinschaft, jeder Gruppierung und jedem einzelnen

Muslim die Freiheit, den Islam in Einklang mit dem eigenen Umfeld zu leben. Sie würde selbst jenen ins Konzept passen, die den Islam aktiv verbreiten und ihm zu mehr Erfolg verhelfen wollen. Anstelle einer begrenzten Zahl strenger Verhaltensregeln, die eher ins 7. oder auch 10. Jahrhundert passen, könnten sie islamische Werte wie Respekt, Mitgefühl, Großzügigkeit oder das Streben nach Wissen und Gerechtigkeit propagieren.

Begreifen wir den Islam als einen Wertekanon, der seinen Ausdruck in örtlichen Kulturen und Praktiken findet, müssen wir uns nicht darüber streiten, wem die Deutungshoheit obliegt. Als eine Reihe moralischer Prinzipien fügt er sich dann nämlich nahtlos in den Hintergrund einer allgemeinen, tiefgreifenden Menschlichkeit.

Die Darstellungen und Forderungen rund um die Idee des wahren Islam sind Teil der Probleme, denen wir heute als Muslime gegenüberstehen. Warum ist das so? Wer von der Existenz eines wahren Islam überzeugt ist und ein wenig länger über diesen nachdenkt, kommt irgendwann zu dem Schluss: Es muss auch einen «falschen» Islam geben. Ein solches Denken bereitet mir großes Unbehagen. Denn wie können wir mit Fug und Recht behaupten, bestimmte Taten und Gedanken entsprächen dem wahren Islam, andere hingegen einem «falschen»? Wie können wir wissen, ob wir uns nicht dem falschen Lager zugeschlagen haben?

In der Geschichte des Islam hat es immer wieder sehr aggressive Gruppierungen gegeben, die erklärten, sie allein wüssten, worauf sich der wahre Islam gründet. Eine dieser Gruppierungen waren die im 7. Jahrhundert lebenden Charidschiten. Aber was haben diese Charidschiten mit unseren heutigen Problemen zu tun? Die Charidschiten erklärten damals alle Muslime zu Untreuen oder Ungläubigen, die sich in ihrem Glauben und ihren Praktiken von ihnen auch nur im Geringsten unterschieden. Sie behaupteten also, im Besitz der einzigen Wahrheit zu sein – und eben dieser Begriff der absoluten Wahrheit hat in wichtigen Teilen der modernen islamischen Welt auch heute noch Bestand.

Auch die Terrorgruppe IS behauptet, ihre Interpretation des Islam sei jener wahre Islam, von dem manche glauben, er existiere tatsächlich irgendwo. Und nun sieh dir an, was mit Menschen geschieht, deren Überzeugungen sich auch nur geringfügig von denen der Anführer des IS unterscheiden. Sie werden bestraft: von Gebäuden gestürzt, lebendig verbrannt, auf alle erdenklichen Weisen ermordet. Sobald wir die Wahrheit zu etwas erklären, das nur wir kennen und besitzen, entsteht eine ganz eigene Dynamik. Denn wenn die absolute Wahrheit tatsächlich existiert, gibt es auf jede Frage nur noch eine einzige Antwort. Die Religion räumt jeden Zweifel aus. Jeder Grauton wird zu Schwarz oder Weiß, *halāl* oder *harām*, erlaubt oder verboten.

Ich denke, für all jene, die versuchen, den Begriff der Menschlichkeit innerhalb der Grenzen und Parameter des islamischen Glaubens zu erweitern, stellt eine solche Interpretation des Islam eine ernste Gefahr dar.

«Der Islam ist eine Religion des Friedens»

Habibi Saif,

der Satz «Der Islam ist eine Religion des Friedens» ist dir in den Zeitungen oder Nachrichten sicher schon häufiger begegnet. Wann immer ein Muslim im Westen eine Gewalttat verübt oder ein Terroranschlag muslimischen Tätern zugeschrieben wird, tritt ein Vertreter der muslimischen Gemeinschaft an die Öffentlichkeit und erklärt, der Islam sei eine Religion des Friedens. Auch in der arabischen Welt hören wir diesen Satz ununterbrochen. Die großen Religionsgelehrten werden nicht müde, ihn zu wiederholen, und auch von den Staatsführern hört man ihn immer wieder.

Der Satz macht eine scheinbar banale Aussage. Warum sollten der Islam oder irgendeine andere Religion auch nicht friedlich sein? Vielmehr scheinen Religion und Frieden irgendwie zusammenzugehören. Es würde sich falsch anhören, von einer Religion des Krieges, einer Religion des Zorns oder einer Religion der Gewalt zu sprechen. Woher kommt also jedes Mal dieses Unbehagen, wenn ich jemanden sagen höre: «Der Islam ist eine Religion des Friedens»?

Du weißt, ich mag keine leeren Phrasen und Worthülsen. Aber genau das ist dieser Satz: eine Phrase. «Der Islam ist eine Religion des Friedens» erklärt dir und mir überhaupt nichts – weder die vielen Gewalttaten, die im Namen des Islam verübt werden, noch wie wir den Islam auf friedliche Weise leben können. Wenn ich diesen Satz höre, will ich unbedingt wissen, was danach kommt. Denn was fangen wir mit unserer ach so friedlichen Religion tatsächlich an?

Heute möchte ich in meinem Brief einige meiner Ideen und Fragen zum Thema «Frieden innerhalb des Islam» erörtern, Saif, und ich hoffe, das wird uns beiden zu einem besseren Verständnis verhelfen.

Wenn ich also besagten Satz höre, stelle ich mir immer vor, wie er weitergehen könnte. «Der Islam ist eine Religion des Friedens, weil wir nicht mehr im Mittelalter leben und glauben, Religionen bräuchten Armeen und Grenzen, um sich zu verteidigen. Der Islam ist eine Religion des Friedens, weil er für Güte steht, für eine Geisteshaltung und nicht für ein Heer von Glaubenskriegern, das die Welt nur aus der selbstgewählten Perspektive als Kämpfer sieht. Der Islam ist eine Religion des Friedens, weil wir Muslime uns nicht als militärische, sondern als ethische Einheit verstehen, und als solche mit ethischen Mitteln Einfluss auf die Welt nehmen, anstatt uns durch Kampftaktik und Heldenmut hervorzutun. Der Islam ist eine Religion des Friedens, denn alles andere würde bedeuten, die vielgerühmte Güte und Menschenliebe unseres Propheten zu verhöhnen. Der Islam ist eine Religion des Friedens, nicht etwa weil betagte Gelehrte oder charismatische Wortführer uns das weismachen wollen, sondern weil wir diesen Frieden jeden Tag leben – in unserer Ruhe, Selbstbeherrschung, Disziplin und Aufmerksamkeit gegenüber den Bedürfnissen anderer.»

Könnte man den Satz auf diese Weise verlängern, hätte ich vielleicht ein besseres Gefühl dabei, den Islam als friedvoll zu bezeichnen.

Saif, bitte mach dir deine eigenen Gedanken, weshalb der Islam für Frieden steht und nicht für Gewalt, Wut, Zorn, Krieg und Zerstörung.

Manche Leute behaupten, der Islam sei zwar eine Religion des Friedens, werde aber von Nichtmuslimen, dem Westen, dem Imperialismus, dem Zionismus oder dem Kapitalismus bedroht. Diverse Medien vermitteln uns Muslimen tagtäglich, wir würden von jenen, die unsere Stärke und unser Potenzial fürchteten, angegriffen. Und deshalb, so erklärt man uns weiter, müssten wir uns zu einer weltweiten muslimischen Gemeinschaft zusammenschließen und uns gegen diese angeblichen Angreifer zur Wehr setzen. Wie genau wir das tun sollen, bleibt unbeantwortet, und so nutzen gewisse Leute die Gelegenheit, um diese Gegenwehr als einen persönlichen, brutalen und wahllos geführten Krieg zu definieren.

Was sollen und können wir tun? Woher kommt dieses ungute Gefühl? Wenn wir doch alle Muslime sind und unsere Religion eine Religion des Friedens, wem gehören dann diese lauten Stimmen, die beständig erklären, wir befänden uns im Krieg und würden von allen Seiten ununterbrochen angegriffen? Der Mangel an Klarheit ist verstörend. Schenken wir diesen Stimmen Glauben, werden wir uns mit den Völkern dieser Welt bis in alle Ewigkeit bekriegen. Wollen wir ein Leben im Dienste Allahs führen, kann das aber unmöglich der richtige Weg sein.

Denn ist der Islam wirklich eine Religion des Friedens, dann sollten wir auf Bedrohungen mit offenen Herzen und offenen Armen reagieren. Vielleicht sollten wir anderen nicht immer gleich den Krieg erklären, sondern beharrlich zu mehr Vertrauen, Mitgefühl und Großmut auffordern. Eine solche Reaktion auf Bedrohungen von außen würde der Behauptung, der Islam sei eine Religion des Friedens, meiner Ansicht nach eher gerecht. Tatsächlich glaube ich, würden wir Muslime gegenüber eingebildeten oder tatsächlichen Kränkungen etwas mehr Nachsicht und Geduld beweisen, könnten wir die echte Feindseligkeit, die uns von anderen durchaus entgegenschlägt, wahrscheinlich entschärfen.

Wir dürfen nicht vergessen, dass es immer mehr als nur einen Weg gibt, mit Feindseligkeiten gegenüber dem Islam oder uns als Muslimen umzugehen. Sowohl als Einzelne als auch in der Gemeinschaft können wir durch unser Verhalten demonstrieren, dass wir anderen nicht feindlich gesonnen sind. Wir können mit Nichtmuslimen denselben Umgang pflegen wie mit Muslimen und unsere Friedfertigkeit unter Beweis stellen, indem wir Wut und Gewalt als Reaktion im Umgang mit anderen kategorisch ablehnen.

Mein Traum wäre ein konsequent gleichbleibendes Verhalten, das wir gegenüber anderen Muslimen und Nichtmuslimen an den Tag legen. Denn wenn wir den Islam eine Religion des Friedens nennen, stellen wir eine gewaltige Behauptung auf. Frieden ist meiner Ansicht nach nicht verhandelbar. Wir dürfen anderen den Frieden nicht nur anbieten, wenn er zu unserem Vorteil ist, und das Angebot wieder zurückziehen, sobald er zur Last wird. Frieden ist ein Zustand. Frieden ist eine Grundhaltung gegenüber der Welt. Frieden hat erst dann eine Bedeutung, wenn er die Antwort auf Wut, Aggression und Gewalt ist. Diese Art von Frieden sehe ich im Islam und möchte, dass du begreifst, welche Verantwortung mit dem Satz «Der Islam ist eine Religion des Friedens» einhergeht. Du solltest ihn nicht als Verteidigung verstehen, sondern als eine Erinnerung an die große Verantwortung, die du trägst – gegenüber Allah, gegenüber anderen und gegenüber dir selbst.

Die Autoritätskrise

In bestimmten Bereichen der arabischen Welt ist derzeit ein wachsendes Verantwortungsgefühl angesichts der Verbreitung extremistischen Gedankenguts zu spüren. Traditionelle sogenannte quietistische Gelehrte schließen sich zusammen und versuchen, Prinzipien und Aussagen zu formulieren, die den sich zunehmend verschlechternden öffentlichen Diskurs innerhalb des Islam wieder unter Kontrolle bringen. Dazu legen sie sich mit den rebellischen und häufig terroristischen islamistischen Meinungsmachern und Wortführern an. Du solltest dir der Parameter dieser Debatten sowie der Leidenschaft und des Wissens, die hinter den vertretenen Positionen stehen, sehr bewusst sein, dabei aber auch die entstehenden Freiräume erkennen, die dir als denkendem, ethischem Menschen die Möglichkeit bieten, dich einzumischen und den Kurs der Diskussion selbst zu beurteilen. Von welchen Parametern ich hier spreche? In der geführten Debatte dreht sich vieles um die Verteidigung der globalen islamischen Gemeinschaft – der *Umma* –, und dabei ist es äußerst schwierig, sich über die weitverbreitete Ansicht hinwegzusetzen, diese werde von allen Seiten angegriffen. Denn sobald du das hinterfragst, wird man dir vorwerfen, dich gegen die Gemeinschaft zu stellen. Gehst du sogar noch weiter und willst wissen, wer die *Umma* eigentlich definiert und welche Interessen sie vertritt, bringst du dich erst recht in Teufels Küche. Solche Fragen stellt man nicht. Zumindest nicht öffentlich. Und ich frage mich, ob sie je hinter verschlossenen Türen gestellt werden. Mir jedenfalls ist dergleichen noch nie zu Ohren gekommen.

Das sind jedoch längst nicht die einzigen Fragen, die im mächtigen und etablierten Islam tabu sind. Auch das gemeinsame Arbeiten und Lernen der Geschlechter ist ein sehr sensibles Thema. In streng islamischen Gesellschaften ist die geschlechtliche Durchmischung an Schulen und Universitäten absolut verpönt oder steht sogar unter Strafe.

Was geschieht, wenn du nach dem Sinn oder der Religiosität dieser Haltung fragst? Laute, stimmgewaltige Geistliche werden dich niederschreien. Sie werden dich beschuldigen, Sittenlosigkeit (illegalen Sex) und *fitna* (gesellschaftliches Chaos) zu propagieren. Sie werden deine guten Absichten anzweifeln und dir vorwerfen, die Stabilität der Gesellschaft untergraben zu wollen.

Islamistische Rebellenführer und traditionelle Gelehrte sind sich derzeit in vielen Dingen uneins, wobei jede Partei die Autorität der jeweils anderen in Frage stellt. Durch die ungewöhnliche öffentliche Debatte, die so entstanden ist, hat sich ein Freiraum aufgetan, der uns Laienmuslimen gestattet, in der Diskussion um neue Wege für den islamischen Diskurs ebenfalls ein wenig Autorität für uns zu beanspruchen. Für all jene, die im traditionellen Sinne keine Macht haben, könnte die aktuelle Autoritätskrise daher eine Chance sein, der Debatte um den islamischen Diskurs in Zeiten großer Veränderungen konzeptionell, ethisch und philosophisch eine neue Richtung zu geben. Dies kann auf vielerlei Wegen geschehen, wobei die wichtigsten das geschriebene Wort und die visuellen Medien sein werden. Warum auch das geschriebene Wort wichtig ist? In Zeiten von Tweets wird die Aufmerksamkeitsspanne der Menschen immer kürzer. Gedacht wird zunehmend in kleinen Häppchen. Und was machen die selbsternannten Herrscher des extremistischen Islam? Sie bauen Festungen aus Worten. Sie ergehen sich in langen, kleinlichen legalistischen Streitgesprächen um den genauen Wert einzelner Handlungen und konzentrieren sich auf die Entwicklung einer modernen Theologie des Todes, der Zerstörung und des Niedergangs. Wollen wir gegen eine derartige Verfälschung des Islam ankämpfen, müssen wir uns die Zeit nehmen, die philosophischen und theologischen Argumente für einen gesunden Islam zu finden – sowohl auf schriftlicher als auch auf mündlicher Basis. Wir müssen die Welt des Islam mit literarischen Werken füllen, die unseren Gefühlen Ausdruck verleihen und unsere Empathie wecken.

Auch die visuellen Medien sind ausgesprochen wichtig, da wir durch die Förderung und Weiterentwicklung der visuellen Künste in der islamischen Welt unserer Jugend die Möglichkeit geben, sich nonverbal auszudrücken. Und wir müssen die Filmkunst voranbringen, durch die wir uns von unserer reichen islamischen – und menschlichen – Phantasie verzaubern lassen können.

Tatsache ist, je enger religiöses Wissens definiert wird und je vehementer man es vor Einflüssen von außen schützt, umso weniger Bedeutung und Wirkkraft wird es haben. Die aktuell geführte Debatte eröffnet den unterschiedlichsten Menschen eine Gelegenheit, daran teilzunehmen: vom Philosophen bis zum Psychologen, vom Literaturtheoretiker bis zum zeitgenössischen Autor, vom desillusionierten jungen Mann bis zur gefallenen, gesellschaftlich geächteten Frau. Und es ist ganz offensichtlich, dass wir sehr viel schneller Fortschritte machen werden, wenn wir jeden in den Dialog mit einbeziehen.

Erstaunlicherweise bestehen die *Ulama* zwar darauf, nur sie allein könnten diese religiöse und moralische Debatte führen, aber du wirst schnell bemerken, wie viel mehr Menschen tatsächlich dazu beizutragen in der Lage sind. Doch auch unter den *Ulama* gibt es eine kleine, aber stetig wachsende Anzahl von Männern, die einsehen, dass auch sie nicht auf alles eine Antwort haben. Diese *Ulama*, die noch immer nicht vernetzt sind, haben verstanden, dass der Islam nicht von einer kleinen Gruppe von «Experten» beherrscht werden darf, die nicht selten nach persönlicher Macht und Bereicherung streben. Sie haben erkannt, dass sehr viel mehr Menschen in den Verjüngungsprozess des Islam mit einbezogen werden müssen, damit sich ein gesunder und mustergültiger Islam des 21. Jahrhunderts entwickeln kann. Und so freue ich mich mit dir und deiner Generation auf die *Ulama* des 21. Jahrhunderts, die sich vor Fragen nach unserem Wissen, unserer Sexualität, unserer Philosophie und unseren Unterschieden nicht fürchten.

Verantwortung

Lieber Saif,

wie können du und ich als Muslime in unserem Leben Verantwortung übernehmen? Dürfen wir uns selbst als Muslime bezeichnen und uns dann weiterhin einfach nur um unsere persönlichen Angelegenheiten kümmern? Natürlich geht es im Islam vor allem darum, ein guter Mensch zu sein. Bemühen wir uns also darum, ein gutes Leben zu führen, sollte das vollkommen genügen. Was haben wir schon mit diesen Verbrechern zu schaffen, die uns ebenso viel Angst machen wie den Menschen im Westen?

Warum sollten wir uns für die Gräueltaten von Verrückten entschuldigen, die behaupten, im Namen des Islam zu handeln? Viele unserer muslimischen Glaubensbrüder und -schwestern haben gegen die begangenen Verbrechen demonstriert, sie öffentlich verurteilt und erklärt, diese Leute seien keine wahren Muslime. Schließen wir uns dieser Meinung an, sind wir damit also bei weitem nicht allein. Jeden Tag bekomme ich zu hören: «Diese Leute haben nichts mit dem Islam zu tun.» Aber irgendetwas stört mich an diesem Satz. Er klingt nicht richtig. Warum benutzen ihn die Leute so oft? Wahrscheinlich weil man damit auf bequeme Art und Weise die Verantwortung von sich schieben kann. Denn haben die Verbrechen nichts mit dem Islam zu tun, können wir unser Leben ungehindert weiterführen wie bisher. Zudem liefert er eine einfache Ausrede, um nicht über ein paar sehr schwierige Fragen nachdenken zu müssen.

Ich betrachte das Ganze jedoch aus einer anderen Perspektive. Mir gefällt zwar nicht, was diese Terroristen tun, aber ich erkenne an, dass sie den Mindestvoraussetzungen des Islam genügen und daher Muslime sind. Die Mindestanforderung an einen Muslim besteht darin, zu glauben, dass es keinen Gott außer Allah gibt und Mohammed sein Gesandter ist. Die Terroristen glauben das. Daran besteht kein Zweifel. Und daher lehnen es die bedeutenden religiösen Institutionen der islamischen Welt auch ab, die Terroristen zu Nichtmuslimen zu erklären.

Immerhin bezeichnen sie die Taten der Terroristen als gottlos. Und das ist auch gut so, denn es verschafft uns ein wenig moralische Klarheit. Aus Sicht der islamischen Elite sind die Taten der Terroristen also zu verurteilen, obwohl diese ihrem Glauben nach Muslime sind.

Diese Haltung gibt uns die Möglichkeit, innerhalb des islamischen Glaubens Verantwortung für die Taten der Extremisten zu übernehmen, wobei es natürlich verschiedene Formen von Verantwortung gibt. Ich will damit sagen, du und ich sind für die Taten der Terroristen zwar nicht unmittelbar verantwortlich, aber es liegt in unserer Verantwortung, ein anderes Verständnis des Islam zu fordern. Wir sind dafür verantwortlich, Muslimen und Nichtmuslimen deutlich zu machen, dass eine andere Interpretation des Islam möglich und notwendig ist. Du und ich sowie unsere Freunde, wir müssen anderen durch unser Verhalten unser Verständnis des Islam und seine Bedeutung in unserem Leben deutlich machen. Ich glaube, das sind wir all den Unschuldigen – Muslimen wie Nichtmuslimen – schuldig, die unter dem irregeleiteten Extremismus unserer Glaubensbrüder und -schwestern gelitten haben.

Du wirst inzwischen festgestellt haben, Saif, dass ich die Welt gerne unter dem Aspekt der Verantwortung sehe. Ich möchte, dass du dich deiner Verantwortung stellst und herausfindest, wohin dich das führt, dass du dich gedanklich, in deiner Lektüre und im täglichen Leben mit ihr auseinandersetzt.

Das bringt mich wieder zurück zur Position jener, die vom wahren Islam sprechen. Als Muslim möchte ich für meine Umwelt so viel Verantwortung wie nur möglich übernehmen. Pack mir die Verantwortung für die ganze Welt auf die Schultern, und ich werde mich trotzdem weigern, anderen die Schuld in die Schuhe zu schieben. Ich genieße es, Verantwortung zu tragen – für Gutes und für Schlechtes gleichermaßen. Und warum tue ich das, Saif? Weil ich so all meine Fähigkeiten – körperliche, geistige sowie moralische – dafür einsetzen kann, die Welt zu einem

Ort zu machen, auf den wir stolz sein können. Viele Menschen laufen vor der Verantwortung davon. Einmal hörte ich einen hochrangigen Manager zu seinem Team sagen: «Kassiert das Lob, aber lehnt die Verantwortung ab.» Das ist das genaue Gegenteil dessen, was ich mir von dir wünsche. Von dir möchte ich, dass du Verantwortung übernimmst, auch wenn am Ende andere das Lob kassieren sollten. Du wirst die Wahrheit kennen.

Übernehmen wir keine Verantwortung, gerät die Welt aus den Fugen. Wer keine Verantwortung übernimmt, läuft davon, versteckt sich, schaut weg.

Von welcher Art Verantwortung genau ich hier spreche? Viele Leute reden von Verantwortung, machen dann aber mit ihrem Leben weiter, als ob nichts wäre. Verantwortung zu zeigen, bedeutet beispielsweise, dich um die Benachteiligten in deiner Gemeinschaft zu kümmern. Suche nach ihnen, sie sind nicht immer auf den ersten Blick zu erkennen. In unserer Gesellschaft neigt man dazu, sich auf das Neue, Glänzende, Junge und Schöne zu konzentrieren. Wer befasst sich schon gerne mit dem Unglück und den hässlichen Seiten des Lebens? Aber ich möchte, dass du einen Teil deiner Zeit opferst, um jenen zu helfen, die am Rand der Gesellschaft leben. Hast du zum Beispiel eine Vorstellung davon, wie viele Waisen es in der arabischen und muslimischen Welt gibt? Nein? Dann geh und finde es heraus. Und falls keine offiziellen Zahlen existieren, dann sorge dafür, dass sie erfasst und öffentlich gemacht werden.

Frage dich: Wenn ich es nicht tue, wer tut es dann? Und tut es keiner, dann tu du es. Schau dich nach Menschen um, die weder lesen noch schreiben können. Im arabischen Raum leben 100 Millionen Analphabeten – ich habe das schon ein paarmal erwähnt. Geh und gründe eine Hilfsorganisation, die ihnen die grundlegendsten aller Fähigkeiten beibringt. Gelegenheiten, Verantwortung zu übernehmen, findest du an jeder Ecke und in jedem Haus. Sitz nicht wie so viele einfach nur herum und beschwere dich, es mangele an Möglichkeiten, etwas zu tun.

Mach jenen, die behaupten, Verantwortung zu zeigen bedeute, den gewaltsamen Dschihad auszurufen oder Selbstmordattentate zu verüben, die Definition von Verantwortung streitig. Denn dabei handelt es sich nicht um Beispiele für Verantwortung, sondern für Verzweiflung und Hoffnungslosigkeit. Verantwortung muss zielgerichtet und klar definiert sein. Mit der Waffe in der Hand loszuziehen und im Namen der Religion zu töten, ohne genau zu wissen, wen man tötet oder warum es überhaupt nötig ist zu töten, stellt kein verantwortungsvolles Handeln dar, im Gegenteil. Zu glauben, mit Gewalt unserer Religion und anderen Muslimen zu dienen, ist eine Verhöhnung des Islam. Bei meinen gelegentlichen Gesprächen mit Befürwortern der Gewalt erstaunt es mich immer wieder, mit welcher Vehemenz diese Leute darauf bestehen, die Gewalt sei notwendig. Ich frage mich, welche Probleme sich mit Gewalt lösen lassen. Es scheint, diese Leute sind – ohne je wirklich darüber nachgedacht zu haben – davon überzeugt, die Gewalt sei moralisch gerechtfertigt. Es ist, als habe man sie einer Gehirnwäsche unterzogen und ihnen eingebläut, jeder Akt der Gewalt sei an sich schon gut.

Was sagt man diesen Leuten? Wie kommt man an sie heran? Ich stelle in solchen Fällen Fragen. Wozu die Gewalt? Welchem Zweck dient sie? Welche Konsequenzen hat sie? Weshalb sehen diese Menschen in der Gewalt die einzige Möglichkeit? Welches Problem versuchen sie zu lösen? Gibt es nicht Millionen von kreativeren und interessanteren Wegen, Probleme zu lösen? In Wirklichkeit ist die Gewalt der Weg der Gedankenlosen. Auf Gewalt zurückzugreifen, ist eine ganz besonders dumme und phantasielose Art, Schwierigkeiten aus dem Weg zu räumen. Daher sollten wir uns ein wenig anstrengen und andere Methoden finden, um unsere Probleme zu lösen und die Situation der Muslime in der Welt zu verbessern. Denn am Ende werden selbst die, die von der Zweckmäßigkeit der Gewalt überzeugt sind, an den Folgen erkennen, dass sie nichts als Zerstörung nach sich zieht.

Du brauchst mehr Anregungen? Dann sieh dich um. Wer sieht ängstlich aus oder hungrig? Wer wirkt schwach und vom Leben gezeichnet? Finde heraus, was diese Menschen tun, ob sie ein Einzelfall sind oder für eine ganze Gruppe stehen. Hast du es mit nur einer Person zu tun, dann versuche, ihr zu helfen. Geht es um eine Gruppe, dann überlege dir ein System, das allen hilft.

Du willst Verantwortung übernehmen? Dann tu, was in deiner Macht steht, um Künstler, Schriftsteller, Denker und Filmemacher zu unterstützen. Oder werde selbst Künstler, Schriftsteller, Denker oder Filmemacher. Die muslimische Welt muss über sich selbst reflektieren. Für uns bedeutet Verantwortung übernehmen, in die Welt hinauszugehen und etwas zu unternehmen, den ersten Schritt zu machen.

Wer Verantwortung trägt, schreitet erhobenen Hauptes voran. Er hat ein Ziel vor Augen und empfindet Würde – jene Art von Würde, die uns zu ganzen Menschen macht.

Ich beziehe mich hier auf mindestens zwei Arten von Verantwortung. Die eine Art von Verantwortung trägst du für dein Handeln. Doch um die Verantwortung für dein Handeln tragen zu können, musst du, so glaube ich, zunächst einmal die Verantwortung für deine Überzeugungen tragen. Das ist die andere Art von Verantwortung.

Damit verlange ich ziemlich viel von dir. Die eigenen Überzeugungen kritisch zu hinterfragen, fällt niemandem besonders leicht. Aber ich glaube, du kannst das. Worte und Ideen sind schlüpfrig. Sie entgleiten einem spielend, und daher ist es auch so wichtig, die gezielte und sinnvolle Suche nach neuen Erkenntnissen ein Leben lang nicht aufzugeben.

Vielleicht bist du dir deiner Überzeugungen an einem Tag noch ganz sicher, nur um dann am nächsten aufzuwachen und dich zu fragen, wovon du da eigentlich so überzeugt warst. Das in unserer heutigen Welt einzugestehen, ist riskant. Nur wenige Menschen geben offen zu, an ihren eigenen Überzeugungen zu zweifeln. Aber glaub mir, es ist völlig normal, sich immer wieder zu fragen, ob man tatsächlich richtig liegt – ganz egal, worum es geht, aber insbesondere in religiösen Fragen.

Manchmal bekommen unsere tiefsten Überzeugungen durch eine persönliche Tragödie oder ein katastrophales, unbegreifliches Ereignis einen Riss. Wir fragen uns, wozu das alles gut sein soll und worum es eigentlich wirklich geht. Einige der größten Gelehrten des Islam, die heute höchstes Ansehen genießen, haben solche Zeiten der Verwirrung und des Zweifels durchgemacht. Der im 11. Jahrhundert in Persien geborene Alghazāli ist ein gutes Beispiel hierfür. Alghazāli hatte enormen Einfluss auf das islamische Denken, und seine Werke werden bis heute als Perlen der Weisheit verehrt. Aber selbst er zog sich zu Lebzeiten zehn Jahre lang aus der Gesellschaft zurück, weil er an vielen Dingen zweifelte. Offenbar durchlebte er eine spirituelle Krise. Darüber, welche Zweifel ihn damals quälten, wissen wir heute zwar nicht mehr viel – dass er unsicher und voller Ängste war, ist jedoch unumstritten. Am Ende seiner Phase des Zweifels und der selbstauferlegten Isolation fügte dieser Gelehrte des orthodoxen Islam den wichtigsten islamischen Strömungen eine neue spirituelle Richtung hinzu – den Sufismus. Seine Gelehrtheit und die Fähigkeit, Gedanken intellektuell zu ordnen, ermöglichten ihm, auch solche Ideen zu akzeptieren, die außerhalb des streng orthodoxen

Glaubens lagen. Und so öffnete er unseren Glauben für spirituelle und poetische Erfahrungen.

Jeder, der sich für eine gewisse Zeit dem Lernen und Denken verschrieben hat, kennt die Verwirrung, die entsteht, wenn neue Informationen und Ideen auf alte Überzeugungen treffen. Das ist eine ganz normale Reaktion. Mit dem Erhalt neuer Informationen müssen frühere Erkenntnisse überarbeitet werden, um neue Inhalte und Zusammenhänge aufnehmen zu können. Genau diesen Prozess durchlaufen wir auch in unserem emotionalen und religiösen Leben. Je mehr Erfahrungen wir in der Welt machen, umso weniger glaubhaft erscheinen uns die Gewissheiten unserer Kindheit. Sie ergeben keinen Sinn mehr oder sind plötzlich viel zu einfach für die Komplexität unserer Welt. Was schwarz oder weiß war, bekommt mit einem Mal graue Schatten. Was schwarz war, ist nicht mehr ganz so schwarz, was weiß war, nicht mehr ganz so weiß. Und was tun wir in dieser Situation? Zwingen wir uns, an den alten Überzeugungen festzuhalten, auch wenn sie nicht mehr in unser Weltbild passen? Nun, manche Leute bestehen darauf, dass dies der einzig richtige Weg sei. Sie zwingen sich, in den Grenzen ihres alten Bewusstseins zu verharren. Ein sinnloses Unterfangen. Stattdessen müssen wir das Leben so annehmen, wie es heute eben ist. Man kann neuen Erkenntnissen nicht aus dem Weg gehen. Die Luft schwirrt von neuen Gedanken und Konzepten, und wir können uns den Ideen, die anderswo herkommen, nicht einfach verweigern.

Manche Muslime halten jedoch unbeirrt daran fest, dass dies nicht nur möglich, sondern absolut notwendig sei. Sie fordern, dass wir nur Ideen muslimischen Ursprungs akzeptieren, wie sie im Koran zu finden sind – die frühen Lexika der arabischen Sprache beispielsweise oder die Aussprüche des Propheten und seiner Gefährten. Fremden Ideen, die nicht unserem Glauben entspringen, sollen wir uns hingegen verweigern.

Aber was für Ideen sind das überhaupt, von denen man uns sagt, sie kämen von außen und seien dem Islam fremd?

Es wird viel darüber diskutiert, ob die Demokratie mit dem Islam vereinbar sei. Die einen sagen, Diskussionen, Debatten und Konsensbildung seien alte islamische Traditionen. Andere wiederum behaupten, die Demokratie sei eine Sünde gegen die Allmacht Allahs und stehe seinem Willen und seiner alleinigen Herrschaft entgegen. Menschen töten im Streit um diese Frage. Sie radikalisieren sich und tauchen in den Untergrund ab, um für die alleinige Herrschaft Allahs zu kämpfen.

Einen weiteren Streitpunkt stellt der Begriff «Freiheit» dar. Wie an anderer Stelle bereits erwähnt, kann Freiheit einerseits bedeuten, frei von den Gesetzen der Moral zu leben – was manche Muslime ein Leben animalischer Vergnügungen nennen. Freiheit kann aber auch heißen, Verantwortung zu übernehmen und sich bewusst für ein diszipliniertes und prinzipientreues Leben zu entscheiden.

Es herrscht die weitverbreitete Meinung, die muslimische und arabische Welt würde vom islamfeindlichen Westen angegriffen. Dieser Angriff, so heißt es, finde an verschiedenen Fronten statt, als zentral gilt jedoch die kulturelle Invasion, die drohe, unsere Identität und unsere Werte zu unterminieren. Wir sehen Filme, in denen Frauen von zu Hause weglaufen und ein unabhängiges Leben führen. Oder wir hören von absolut gotteslästerlichen Kunstausstellungen. Diese Art von Erfahrungen, so heißt es, mache unsere Jugend anfällig für ein Gedankengut, das unserer Kultur fremd sei. Was geschähe bloß, wenn unsere Jugend nicht mehr in der Lage wäre, sich von diesen fremden Ideen und Konzepten zu distanzieren?

Immer häufiger taucht auch die Frage nach sexueller Identität und sexuellen Praktiken auf. Der strenge Islam, so wie er heute ausgelegt wird, betrachtet Homosexualität als frei gewählt und somit als eine Sünde. Sie gilt als eine fremde Lebensform, die uns von liberalen und gottlosen westlichen Staaten unter dem Deckmantel der Menschenrechte aufgezwungen wird. Aber was, wenn Homosexualität gar nicht frei gewählt, sondern genetisch vorherbestimmt ist?

Wie steht es mit der Demokratie? Ist sie der muslimischen Gedankenwelt tatsächlich völlig fremd? Und was ist von den Radikalen und Terroristen zu halten, die behaupten, die Demokratie beraube Allah seiner Macht und alleinigen Herrschaft über die Menschheit? Ergibt das, was sie sagen, wirklich einen Sinn? Wissen diese Leute überhaupt, was Demokratie bedeutet? Ich glaube nicht, im Gegenteil. Liest man ihre Aussagen, wird an vielen Stellen deutlich, dass sie kaum eine Vorstellung davon haben, wie Menschen zusammenfinden und gemeinsame Entscheidungen treffen können. Genauso wenig haben sie den blassesten Schimmer, wie Gruppenentscheidungen und Moral zusammenwirken. Wollen du und ich unserem Glauben gerecht werden, müssen wir aber versuchen zu verstehen, wie diese Ideen entstehen und zusammenwirken können. Genauso wichtig ist es, unsere Gedanken mit anderen zu teilen. Wir dürfen nicht zulassen, dass allein jene unseren Glauben repräsentieren, die aus Unwissenheit – und mit Gewalt – agieren.

Wir stehen hier vor einer ganzen Reihe von Problemen, und ich möchte, dass du dir diese bewusst machst und deine eigenen Antworten darauf findest. Verstehen wir die fremden Ideen wirklich? Kennen wir ihre Geschichte und Ursprünge, die Zusammenhänge, die ihnen ihre Bedeutung geben? Muss fremdes Gedankengut prinzipiell ausgemerzt werden, selbst wenn es von Vorteil für uns wäre? Und ganz besonders wichtig: Wie verhalten wir uns, wenn eine vermeintlich islamische Überzeugung eindeutig Unsinn ist?

Ein weiteres Beispiel für ein Thema, das Muslimen und Nichtmuslimen gleichermaßen Sorgen bereitet, ist das Zusammenleben der Geschlechter. In manchen muslimischen Ländern ist die Geschlechtertrennung, die angeblich dem wahren Islam entspricht, an Schulen, Universitäten und am Arbeitsplatz gesetzlich vorgeschrieben. Doch welche Probleme soll das lösen? Es heißt, die Geschlechtertrennung verhindere verbotene Stelldicheins und Beziehungen außerhalb der Ehe. Nun, vielleicht tut sie das auch. Würden wir Studien und Untersuchungen zu diesem Thema in Auftrag geben, könnte sich jedoch auch das Gegenteil herausstellen. Wissen werden wir es erst, wenn wir uns dieser Frage ernsthaft stellen.

Zudem müssen wir uns fragen, welche Probleme durch die Geschlechtertrennung überhaupt erst auftreten. Über die Probleme, die ein vorgeblich moralischer Grundsatz verursachen kann, wird kaum gesprochen. Wäre es nicht möglich, dass die Geschlechtertrennung zu psychischer Verwirrung und innerer Unruhe führt? Oder zu einer gewissen Unfähigkeit im Umgang mit dem anderen Geschlecht, wenn es dann zum Kontakt kommt? Widerspricht sie nicht dem Aufeinandertreffen von Männern und Frauen auf dem Markt, im Einkaufszentrum oder während der Ferien?

Das alles führt zu der generellen Frage, wie wir mit den vielen kleinen «moralischen» Vorgaben umgehen, die zusammengenommen zu einer ungesunden oder gar kranken Gesellschaft führen können. Wir müssen uns dieser Frage stellen. Nicht nur indem wir sie öffentlich stellen, sondern auch indem wir zu den möglichen Antworten Stellung beziehen. Wir alle müssen darüber nachdenken, ob wir bei unseren Bemühungen, ein moralisch einwandfreies Leben zu führen, nicht das große Ganze aus den Augen verlieren. Das alles sind Fragen, über die du und deine Generation euch Gedanken machen müsst.

Manche Leute beziehen sogar eine noch radikalere Position und fordern, alles Nichtmuslimische konsequent abzulehnen. Das kann sich bis auf die Kleidung ausdehnen. So sagen einige, wir dürften die Kleidung von Nichtmuslimen nicht kopieren, da Muslimen ihre Kleidung dazu diene, sich von Nichtmuslimen zu unterscheiden. Das macht die muslimische Welt allerdings auf negative Weise auch enger und kleiner. Es unterbindet den gesunden und freien Austausch von Ideen, der für die geistige Gesundheit und intellektuelle Lebendigkeit so wichtig ist.

Es gibt muslimische Führer, die fordern, nichtmuslimische Kulturen und Ideen rigoros abzulehnen. Das kann ihnen natürlich niemand verbieten. Diese Forderung auch umzusetzen, ist jedoch schlicht unmöglich. Wir müssen die Welt der Ideen als ein Produkt der gesamten Menschheit begreifen. Und unser Ziel sollte sein, alle Ideen, ob fremd oder nicht, subversiv oder nicht, zunächst zu begreifen und dann vor dem Hintergrund der Prinzipien unseres Glaubens neu zu überdenken. Nur so, anstatt den Kopf in den Sand zu stecken, übernehmen wir die Verantwortung für unsere Grundsätze und ihre Weiterentwicklung. Wir sollten Dinge, die in unser Weltbild passen, darin einfließen lassen. Denn indem wir neue Ideen und Informationen übernehmen, vertiefen und bereichern wir nicht nur unser

Selbstverständnis, sondern auch das Verständnis von unserem Glauben.

Mit der Verantwortung für deine Überzeugungen übernimmst du ganz automatisch auch die Verantwortung für deine Taten.

Aber was ist mit den Taten anderer? Was ist mit jenen, die im Namen des Islam Verbrechen verüben? Viele unserer Glaubensbrüder und -schwestern entrüsten sich, das hätte nichts mit ihnen oder dem Islam zu tun. Ich habe das schon mehrfach erwähnt.

Und in gewisser Weise haben sie damit auch recht, denn sie selbst halten ja an einem reinen Islam fest. Mich beunruhigt allerdings, dass die Ansichten dieser radikalen und extremen Gruppierungen sich als potenziell islamisch verbreiten, während gleichzeitig der Kreis von Muslimen, die an einem anderen Islam festhalten, zu schrumpfen beginnt. Ihre Stimmen werden leiser und leiser, bis nur noch die Extremisten im Namen des Islam zu sprechen und handeln scheinen.

Das versetzt mich wirklich in große Sorge, Sorge um mich, um dich und um unsere Gemeinschaft. Ich denke, es genügt nicht, einfach nur zu behaupten, die Extremisten hätten nichts mit dem Islam zu tun. Denn tatsächlich haben sie sehr viel mit dem Islam und gewissen Tendenzen innerhalb unseres Glaubens zu tun. Innerhalb des Islam ist ein Kampf entbrannt, in dem sich zwei Parteien gegenüberstehen: jene, die ihre eingeschränkte Weltanschauung in

Gewaltbereitschaft zum Ausdruck bringen, und jene, die einen offenen und großzügigen Islam vertreten, der sich jedoch angesichts der herrschenden Gewalt immer weiter zurückzieht.

Doch gerade jetzt sollten wir nicht vor der Verantwortung zurückschrecken. Denn ich glaube, sobald die Möglichkeit besteht, eine Veränderung herbeizuführen, sind wir auch dann zur Verantwortung zu ziehen, wenn wir nichts zu dieser Veränderung beitragen. Wir sind diejenigen, die die Welt durch ihre Überzeugungen und Taten gestalten, und ich möchte, dass du sie aus diesem Blickwinkel betrachtest. Wenn uns das, was die Extremisten tun, nicht gefällt, müssen wir sie dafür zur Rechenschaft ziehen. Wir machen es uns zu einfach, wenn wir behaupten, wir hätten nichts mit ihnen zu schaffen. Diese Leute sprechen im Namen Allahs. Und sie tun es überzeugend. Ihre Interpretation des Islam mag vielleicht verzerrt und veraltet erscheinen, aber sie ist eine mögliche Lesart – eine mit Anziehungskraft und zunehmender Popularität. Daher kommen wir nicht umhin, in irgendeiner Form zu reagieren und aktiv zu werden.

Es genügt jedoch nicht, öffentlich zu skandieren, der Islam sei weder gewalttätig noch radikal noch rachsüchtig – der Islam sei eine Religion des Friedens. Wir müssen uns für einen friedlichen Islam verantwortlich zeigen, indem wir ihn in unserem eigenen Leben und in unseren Gemeinschaften praktizieren.

Aus Sicht eines Außenseiters

Habibi Saif,

in diesem Brief möchte ich dir darlegen, was es heißt, einer Gruppe anzugehören und welche Konsequenzen daraus entstehen können. Mit dieser Frage befasst sich jeder irgendwann in seinem Leben. Manche Menschen haben das Glück, in eine Familie hineingeboren zu werden, in der die Zugehörigkeiten klar sind. Der Vater hat eine gewisse Stellung innerhalb seiner religiösen oder ethnischen Gemeinschaft inne und genießt gesellschaftliches Ansehen, seine Frau kommt aus einer alteingesessenen Familie, die Kinder fühlen sich als Teil einer Gruppe, die weiß, wofür sie steht. Sicher fallen dir dazu Dutzende von Beispielen ein. Du kennst solche Kinder aus der Schule. Ihre Hautfarbe, ihre Abstammung, ihr Lebensstandard und die Beziehungen ihrer Familien garantieren ihnen ein gesundes Selbstvertrauen. Manche von ihnen können eine Reihe illustrer Vorfahren vorweisen, andere haben immer zum richtigen Zeitpunkt die richtigen Antworten parat. Hin und wieder fragst du dich sicher, inwiefern etwas richtig ist, nur weil jemand Bestimmtes es sagt. Genau diese Kinder bilden in der Schule oft die «angesagten» Cliquen.

In der Arbeitswelt herrschen ganz ähnliche Verhältnisse. Häufig bekommt jemand nicht aufgrund seines Könnens den besten Job oder die aussichtsreichste Karrierechance, sondern weil er einer bestimmten Gruppe angehört. Bist du ebenfalls Teil einer solchen Gruppe, kannst du dich wirklich glücklich schätzen.

Aber was ist, wenn du keiner dieser Gruppen angehörst? Was, wenn du dich außerhalb der wichtigsten Gruppen der Gesellschaft wiederfindest? Was, wenn du trotz all deiner Bemühungen immer anders aussehen und dich anders anhören wirst?

Manche Muslime beurteilen ihre Umwelt nach genau diesen Gesichtspunkten – sowohl in überwiegend muslimischen Ländern als auch in Ländern, in denen wir in der Minderheit sind. So kommt es, dass einige unserer wirklich benachteiligten Glaubensbrüder sich abwenden, weil sie für sich keinen Platz in der Gesellschaft sehen. Sie isolieren sich und schauen auf jene, die sie in ihrem selbstgerechten Zorn und ihrer Unzufriedenheit mit dem Leben bestätigen. Für ihre Haltung finden sie zahlreiche Rechtfertigungen. Sie sagen, sie seien von Geburt an zum Außenseiter verdammt, weil sie Muslime sind oder Araber, weil sie krauses Haar haben oder dunkle Haut. Sie behaupten, aufgrund ihres Akzents ausgegrenzt zu werden oder weil sie arm sind und auch bleiben werden, da ihnen durch eine unterschwellig rassistische Politik der Regierung von vornherein jegliche ökonomische Chance genommen wird.

Das mag alles richtig sein. Im Grunde zweifle ich nicht einmal daran, dass es richtig ist, denn ich habe viele dieser Formen der Ausgrenzung am eigenen Leib erfahren.

Ich weiß, du hast ebenfalls Erfahrungen in diese Richtung gemacht, Saif. Zu Hause in den Vereinigten Arabischen Emiraten hat man dich aufgrund deiner gemischten Abstammung diskriminiert und weil du einer privilegierten Familie und Klasse angehörst. Und ich weiß sehr wohl, dass man dir in Zukunft einerseits deine exzellente Ausbildung ankreiden und dich andererseits dafür kritisieren und fürchten wird, dass du Muslim und Araber bist.

Wie kannst du mit diesen unterschiedlichen Formen der Diskriminierung umgehen? Das Wichtigste, was ich dir zu diesem Zeitpunkt mitgeben möchte, ist, dass du dich als privilegiert betrachten solltest. Nicht aufgrund meiner Stellung oder all dem, was ich dir geben kann. Nein, ich möchte, dass du dich als privilegiert ansiehst, weil du lebst, voller Energie bist und die Chance hast, einen positiven Beitrag in dieser Welt zu leisten. Die abfälligen Kommentare, der unverhohlene Rassismus, all das Negative, das du von anderen zu erdulden hast, weil du oder deinesgleichen nicht der dominanten Gruppe angehören, werden dir am Ende zu einem tieferen Verständnis sozialer und ökonomischer Gerechtigkeit verhelfen. Jeder Angriff und jeder negative Kommentar werden Anlass sein, gründlich darüber nachzudenken, wie das Leben der Menschen aussehen könnte und sollte.

Mir ist durchaus bewusst, dass Islamfeindlichkeit oder antimuslimische Tendenzen eine mitunter gefährliche gesellschaftliche Realität sind, und ich empfinde sie in jedem Fall als unangemessen. Aber gibt die Islamfeindlichkeit uns Muslimen das Recht, uns vor der Verantwortung für unser Leben und das unserer Gemeinschaft zu drücken? Absolut nicht. Ist sie ein irrationales, nicht nachvollziehbares Phänomen? Absolut nicht. Und müssen jene, die uns Muslime verabscheuen und uns misstrauen, für immer in ihrer Islamfeindlichkeit gefangen bleiben? Absolut nicht.

Das alles kann sich ändern. Es ist an dir, an mir und all jenen, die denken wie wir, eine Veränderung herbeizuführen. Du kannst Veränderungen zwar einfordern, besser ist jedoch, sie zu erwirken – durch dein Verhalten, deine Aussagen, deine Beharrlichkeit und deine Fürsprache. Vergiss das nicht. Allein indem du aufstehst und allen zeigst, dass du, trotz deiner vermeintlichen Unzulänglichkeiten, besser bist als deine Klassenkameraden, kannst du an der Sichtweise deiner Umgebung einiges verändern. Das ist es, was ich mir von dir und deinen Freunden wünsche.

Saif, ich habe viele Jahre lang – insbesondere als ich in deinem Alter war – versucht dazuzugehören. Ich dachte, wenn ich mich wirklich bemühe und vielleicht ein wenig blind stelle, würde ich es schon schaffen. Dass ich zu der arabischen Gesellschaft, in die ich hineingeboren wurde, nie so richtig dazugehörte, lag hauptsächlich darin begründet, dass deine Großmutter Russin war.

Warum das ein Problem darstellte? Nun, wie in jeder Gesellschaft gibt es auch in unserer auf der einen Seite die originären, privilegierten Mitglieder und auf der anderen die Neuen, die Emporkömmlinge, die Mischlinge und die Streuner. Frag mich nicht, warum sich Gesellschaften immer auf diese Weise organisieren. Ich weiß es nicht. Aber du wirst dieses Phänomen überall auf der Welt beobachten können. Ich habe es in Russland gesehen, in Frankreich und in Großbritannien, und viele bewerten die Situation in den Vereinigten Staaten auch nicht wesentlich anders.

Meine russische Mutter hat mein Blut gewissermaßen verwässert, was anderen, die sich einer «reinen» Abstammung rühmten konnten, einen Grund lieferte, mich und meine Geschwister herablassend zu behandeln. Und rate, was sie getan haben? Sie haben mich und uns herablassend behandelt. Immer wieder. Anfangs habe ich es nicht verstanden. Ich habe mich mit ihnen gestritten und behauptet, das Ansehen einer Familie habe nichts mit der Mutter zu tun und würde allein durch den Vater bestimmt. Doch mit der Zeit wurden mir zwei Dinge klar: erstens, dass die Gesellschaft so nicht funktioniert, und zweitens, dass ich damit meine Mutter verleugnete. Ich hatte den Kopf in den Sand gesteckt. Du musst wissen, Rassismus ist keine Erfindung des Westens, und er ist auch nicht ausschließlich dort zu finden. Rassismus existiert in allen Gesellschaften.

Er besteht in der Zurückweisung jener, die aufgrund ihres Aussehens oder ihrer Art nicht in das dominante Schema passen. Ich möchte meine Erfahrungen nicht mit dem sehr viel extremeren Rassismus vergleichen, den Afroamerikaner erleben oder dem die Juden in Nazi-Deutschland ausgesetzt waren. Der Rassismus, den ich erlebt habe, war viel leiser und subtiler. Und er war ganz bestimmt nicht gewalttätig oder aggressiv. Aber er hat genügt, um mir Gedanken über unseren Umgang mit Menschen zu machen, die anders sind als wir selbst. Da ich kein reiner Araber war, sah man in mir einen Außenseiter, was sich im Nachhinein in vielerlei Hinsicht als Segen oder Vorteil erwiesen hat. Ein Außenseiter lernt Demut. Er erkennt in anderen Außenseitern den Menschen und entwickelt große Empathie für alle, die von einer Gruppe ausgeschlossen werden. Außenseiter sind reich an Perspektiven und Erfahrungen. Oft haben gerade sie den interessantesten Blickwinkel darauf, wie das Leben ist und wie es sein könnte.

Dass ich so gut wie kein Arabisch konnte, machte alles nur noch schlimmer. Da mein Vater starb, als ich sechs war, und meine Mutter nur Russisch mit uns sprach, empfanden meine Geschwister und ich Arabisch als eine schwierige und fremde Sprache. Dadurch, dass ich in einer Familie aufwuchs, in der kein Arabisch gesprochen wurde, war mein Wunsch dazuzugehören zum Scheitern verurteilt. Mit meiner Mutter unterhielten wir uns in gebrochenem Russisch und untereinander aufgrund unserer Schulbildung auf Englisch. Aber es gab auch noch andere Einflüsse auf unsere sprachliche Entwicklung. In den frühen siebziger Jahren begrüßten wir in unserem Land Experten aus aller Welt, die die Entwicklung der Infrastruktur vorantreiben sollten, und so wurde Englisch die Verkehrssprache. Heute ist das Problem mit den Sprachen noch sehr viel komplizierter geworden. Nicht nur aufgrund der anhaltenden hohen Zahl von Ausländern im Land, sondern auch, weil sich Englisch als globale Sprache der Kultur und des Wissens immer weiter ausgebreitet hat. Mehr und mehr arabische Kinder benutzen Englisch wie eine Muttersprache. Sie sprechen und denken auf Englisch. Arabisch benutzen sie nur noch zu Hause für die alltäglichen Anweisungen und Aufgaben.

Mit 14 zog ich ein deprimierendes Fazit: Ich war von allem, von dem ich gerne ein Teil gewesen wäre, ausgeschlossen. Weder war ich der Araber, der ich gerne gewesen wäre, noch der Muslim, der ich so gerne sein wollte. In meiner fixen Vorstellung von Zugehörigkeit hatte die Fremdheit meiner Mutter keinen Platz. Meine Geschwister und ich waren Gefangene unserer arabisch-russischen Abstammung und des Englischen, das wir aufgrund unserer Schulbildung wie eine Muttersprache benutzten.

Ich bin mir der Bedeutung von Sprache, Abstammung und Familie deshalb so bewusst, Saif, weil ich als halber Araber mit Schwierigkeiten im Arabischen groß geworden bin und ohne einen Vater, auf den ich mich hätte stützen können. Meine Jugend war geprägt von den verzweifelten Bemühungen, als ganzer Araber akzeptiert zu werden. Doch ich musste erkennen, dass es keine Rolle spielt, wie sehr du dazugehören möchtest oder wie vehement du die Einstellung der echten Araber oder Muslime vertrittst. Wer kein echter Araber ist, kann auch keiner werden.

Je länger ich über die Unmöglichkeit, ein «echter» Araber zu sein, nachgrübelte, umso unerlässlicher wurde es, andere Wege zu finden, wie ich meine Existenz rechtfertigen konnte. Und interessanterweise habe ich gerade, indem ich meinen Wert als menschliches Wesen – und ein unbedeutendes noch dazu – entdeckte, die wichtigste Erkenntnis gemacht, die ein Mensch nur machen kann: Unser Wert bestimmt sich durch unsere Leistung als Individuum. Als Individuen bauen wir etwas auf und leisten einen Beitrag. Als Individuen übernehmen wir Verantwortung und erschaffen neue Welten. Und als Individuen legt man uns am Ende unter die Erde – so wie deinen Großvater. Da ist keine Gruppe, an die du dich klammern kannst, keine Gemeinschaft, die dich vor lähmenden Beschwernissen schützt, und auch kein Staat, der den Stolz auf deine erfüllten Pflichten teilt. Letztlich sind wir alle nur Individuen, und es steht uns frei, ob wir uns selbst und andere nur aufgrund der Herkunft, des Vermögens oder der Zugehörigkeit zu einem Stamm oder einer Gemeinschaft respektieren oder eben nicht.

Dennoch fiel es mir schwer, mich mit der Problematik

von Authentizität in Bezug auf mich selbst auseinanderzusetzen. Ich musste irgendwie auf die Ablehnung reagieren, aus der sich letztlich mein Selbstverständnis als Individuum entwickelte – als Araber, als Muslim und als Mensch mit Würde.

Wie geht man mit der Tatsache um, von anderen niemals als authentisch wahrgenommen werden zu können? Ich hatte zwei Möglichkeiten, wobei mir die zweite erst mit Mitte 30 und nach einer guten Portion Nietzsche klar geworden ist.

Die erste Möglichkeit war, die Ablehnung zu akzeptieren – und meine Konsequenzen daraus zu ziehen. Von einer Gruppe nicht anerkannt zu werden, heißt zwar nicht zwangsläufig, kein Teil der Gruppe zu sein, aber diese Wahrheit erkannte ich erst viele Jahre später. Gruppen entwickeln sich. Sie werden größer und gewinnen durch das Reifen ihrer Individuen und den sozialen Austausch an Wert. Meine erste Reaktion damals war, die Zurückweisung anzunehmen und mich zu fragen, wohin ich sonst passen könnte. Das Problem auf diese Weise anzugehen, ist für einen Teenager nur logisch und reflektiert den typisch menschlichen Wunsch, dazuzugehören. Also überredete ich meine Mutter mit 15, mich in ein Internat nach England zu schicken. Nach der sehr belastenden Phase der Ablehnung zu Hause erwies sich der Ortswechsel als eine Erleichterung für mich. Das Internat wurde von einer wilden Mischung aus Nationalitäten und Ethnien besucht, und natürlich war es auch dort Thema, wer wo dazugehörte und wer nicht. Aber die Grüppchen, die sich bildeten, waren für mich bedeutungslos. Ich war als Außenseiter *per se* ins Internat gegangen, und in dieser Außenseiterposition konnte ich mich nun ausruhen und nachdenken.

Die zweite Möglichkeit, auf die Ausgrenzung zu reagieren, wurde mir, wie gesagt, erst sehr viel später durch die Lektüre diverser philosophischer Texte bewusst. Damals entschied ich, mich selbst als Standard zu setzen und die anderen an mir zu messen – nicht umgekehrt. Da ich niemals ein hundertprozentiger Araber sein würde, entschloss ich mich, andere nicht mehr als Rollenbilder zu akzeptieren und die Gestaltung meiner Persönlichkeit selbst in die Hand zu nehmen. Ich orientierte mich nicht länger an den niedrigen oder manchmal auch unerreichbaren Standards anderer, von denen ich als Individuum zu sehr abwich, als dass sie mir als Vorgabe für ein Leben in Würde hätten dienen können. Oder um es weniger kompliziert auszudrücken: Ich beschloss, ich selbst zu sein. Und dieser Herausforderung müssen sich vielleicht auch die jungen Araber und Muslime von heute stellen, ohne dass sie sich dessen wirklich bewusst wären. Es sind mächtige politische und gesellschaftliche Kräfte, die die strengen und eindimensionalen Standards setzen, denen wir als Muslime genügen müssen, um in unserem speziellen philosophischen Universum zu bestehen. An diesen Standards lässt sich jedoch eine Fehleinschätzung dessen erkennen, wie die moderne Welt funktioniert. Jeder von uns hat einen Namen, ein Gesicht, Träume, Wünsche und Sehnsüchte. Jeder von uns hat seine eigenen Beweggründe und Dinge, auf die er stolz ist. Nicht zuzulassen, dass diese individuellen Träume, Bedürfnisse und Motivationen in politische Mechanismen umgesetzt und so verwirklicht werden können, muss unweigerlich in einer Katastrophe münden. Etwas wie *al-Sha'ab* – das Volk – existiert nicht mehr. Dieser Begriff gehört in eine Zeit, in der wir noch eine gesichtslose Masse waren, ohne die Macht, selbst über unser Leben zu bestimmen. Heute verfügt jeder von uns über die technischen Mittel, um Zeuge des Weltgeschehens zu sein und sich als Individuum selbst zu entdecken.

Vor allem dank der sozialen Medien und der Informationen aus dem Internet erfährt das Individuum in Teilen der arabischen Welt eine stetig wachsende Akzeptanz. Ein konkretes Beispiel hierfür ist die spiegelähnliche Funktion einer Facebook-Seite. Facebook operiert auf verschiedene Arten – einerseits fungiert es als Plattform des individuellen Ausdrucks, und andererseits unterminiert es die Wirkung traditioneller Mechanismen auf unsere Jugend. Eine Facebook-Seite bietet dem Einzelnen Raum, sich auszudrücken und sich selbst wahrzunehmen. Die Anzahl der Fotos, Videos und Links auf einer Seite reflektiert in gewisser Weise, wie leer oder voll das Leben einer Person ist. So entsteht das Bedürfnis, den leeren Raum mit sich selbst zu füllen. Zudem kann man Freunde gewinnen, die sich die eigene Seite ansehen und deren Inhalt kommentieren. Und schließlich entscheidet man selbst, was öffentlich gemacht wird und was privat bleibt. Man kann sein Publikum vergrößern oder begrenzen. Man kann sein, wer man sein möchte, ohne Angst vor Konsequenzen haben zu müssen. Das alles sind sehr effektive Werkzeuge, auf die in der arabischen und muslimischen Welt inzwischen jedes Kind Zugriff hat, und daher müssen wir sie als wichtiges Mittel gegen die manipulativen und fundamentalistischen Kräfte sehen, die sich derzeit unserer Jugend bemächtigen.

Als Jugendlicher – das war noch vor Facebook – hat man mich oft aufgefordert: «Sei du selbst.» Ein guter, gleichzeitig aber auch nichtssagender Rat. Hätte ich damals gewusst, wer «ich selbst» bin, wäre es einfach gewesen, «ich selbst» zu sein. Doch damals wäre der Rat «Finde dich selbst» sicher besser gewesen. «Suche dich selbst. Entdecke dich selbst. Gib dir eine Form. Füll deine Lücken. Zieh klare, erkennbare Grenzen um deine Person. Gib dir Regeln. Probiere dich aus.»

Jeder junge Muslim sollte sein Recht einfordern, sich selbst und die Welt mit Hilfe der Selbsterkenntnis und Selbstbestimmung zu entdecken.

Sein eigener Herr zu sein bedeutet, ganz in unserer modernen Welt zu leben und sich einzubringen. Ich hoffe, das habe ich an dieser Stelle deutlich gemacht. Nach der im Islam vorherrschenden Meinung müssen wir die moderne Welt allerdings ablehnen (als ob man das könnte) und uns stattdessen einer alten Welt zuwenden, die größtenteils nur noch in unseren Köpfen existiert. Dazu lässt man uns ausgewählte Texte in einer Sprache lesen, die mit unserer alltäglichen Sprache kaum mehr etwas gemein hat. Du weißt ja, dass es zwischen dem klassischen, auf dem Koran basierenden Arabisch und den sehr verschiedenen Dialekten des gesprochenen Arabisch große Unterschiede gibt.

Es ist schon richtig, dass diese Texte den Kern unserer Geschichte bilden. Aber diese Geschichte wurde nie aufgearbeitet, nie in Frage gestellt, nie erforscht, und sehr wahrscheinlich ist sie unvollständig. In gewisser Weise ist das, als würde man von den heutigen Londonern verlangen, sich auf ihre Geschichte zu besinnen und wie die Barone unter König Heinrich VIII. zu leben – und zwar nur wie diese.

Nun mag die Vorstellung, nach den Standards des höfischen Lebens im 16. Jahrhundert zu leben, ganz akzeptabel sein. Wir dürfen dabei aber nicht vergessen, dass damals auch andere Lebensformen existierten. Nicht jeder war Baron, so wie in unserer fernen Vergangenheit nicht jeder ein Krieger des Islam war. Auch damals lebten die unterschiedlichsten Menschen mit den unterschiedlichsten Funktionen. Lassen wir diesen Teil unserer Geschichte außer Acht, zeichnen wir ein verzerrtes Bild der Realität und hindern den Einzelnen daran, den Weg zu wählen, der seinen Lebensumständen am besten entspricht.

Darin besteht eines der Hauptprobleme deiner Generation. Man macht es euch schwer, euch als Muslime mit eigener Identität, eigener Persönlichkeit und eigenen Vorlieben wahrzunehmen. Was es anderen wiederum umso leichter macht, euch einzutrichtern, ihr hättet gar kein Recht darauf, euch als Individuen mit ganz besonderen Eigenheiten zu begreifen. Die Geschichten, denen ihr ausgesetzt seid, vermitteln den Eindruck, ihr könntet nur dann richtige Muslime sein, die in Einklang mit dem Koran und nach dem Beispiel des Propheten leben, wenn ihr euch verhaltet wie die Menschen im 7., 8. oder 9. Jahrhundert.

Von den beschworenen Vorbildern werden jene am meisten hervorgehoben – weil sie politisch am nützlichsten sind –, die für altertümliche Werte wie Heldenmut und Tapferkeit angesichts großer Bedrohungen stehen. Du und deine Generation lauft Gefahr, jeglichen Begriff von Stolz auf redliche Arbeit, Verantwortung, Bildung oder Familie zu verlieren. Ihr seid den Verlockungen der Macht und des Adrenalins ausgesetzt – den Verlockungen einer Existenz am seidenen Faden irgendwo in den äußersten Randgebieten dieser Welt, die euch ein Leben nach dem Tod verspricht.

Alles, worüber ich bisher gesprochen habe, betrifft nur den einfachen Teil des Andersseins – den Teil, bei dem es um die DNA, den Stammbaum, die Herkunft und die Ethnie geht. Wirklich interessant wird es allerdings, wenn wir in die Welt der Ideen und Überzeugungen vordringen.

Einer Gruppe anzugehören, bedeutet auch, gewisse

Überzeugungen zu teilen, über die sich diese definiert. Unter den Muslimen der arabischen Welt scheint es eine Tendenz zu geben, sich um bestimmte klare Überzeugungen herum zu gruppieren. Es geht dabei nicht nur um die islamische Glaubenslehre – die einmal festgelegt nicht mehr in Frage gestellt werden darf –, sondern auch um die Verhaltensnormen, über die sich bestimmte Religionsgemeinschaften definieren. Diese können oft vordergründig erscheinen, haben aber meist tiefgreifende Auswirkungen, beispielsweise wenn der Kontakt zu Nichtmuslimen vermieden wird oder man versucht, westliche Technologien zu importieren, nicht aber die westliche Kultur oder westliches Gedankengut.

Auf diese Weise soll ein reiner Islam bewahrt werden, wie er von der Elite der entsprechenden Gruppe definiert wird. Aber ist es in einer modernen Welt, die von sozialen Medien und einer globalisierten Wirtschaft beherrscht wird, überhaupt möglich, eine solche Reinheit zu bewahren? Ich möchte, dass du dir über diese Frage nicht nur aus der Sicht eines jungen Arabers und Muslims Gedanken machst, sondern auch aus der Perspektive jener, die sich in anderen Gesellschaften besonders und überlegen fühlen.

Der Weg in den Fundamentalismus

Habibi Saif,

ich erinnere mich noch gut, wie einfach es war, seinen religiösen Weg zu finden, als ich noch ein Junge war. Ich war zwölf und hatte gerade einen Sommermonat mit dem Studium des Koran in einer Koranschule verbracht. Mein Arabisch war damals ziemlich dürftig, und ich war es nicht gewohnt, Unmengen von Informationen auswendig zu lernen, wie es an arabischsprachigen Schulen üblich war. Ich fühlte mich fehl am Platz und war sehr einsam.

Im Laufe der Wochen zog mich der Klang der Rezitationen jedoch immer mehr in seinen Bann. In anderen Briefen werde ich davon noch ausführlich berichten. Es war ein heißer Sommer. Die Räume waren nicht klimatisiert, und so ließ man die Türen offen stehen, um Luft hereinzulassen. Im Freien herrschten oft Temperaturen von über 46 °C. Der Unterricht begann um 7 Uhr morgens und endete um 1 Uhr nachmittags.

Er bestand darin, lange Passagen aus dem Koran vorzutragen. Die Schüler wandten sich der Reihe nach dem Lehrer zu und rezitierten. Mitunter war das recht lustig, da die fauleren Schüler oft versuchten zu schummeln. Sie hatten den Koran aufgeschlagen vor sich liegen oder ließen sich von Freunden die Verse zuflüstern, die sie eigentlich auswendig kennen sollten. Sobald wir das hinter uns hatten, ging es mit dem Lesen einer neuen Passage aus dem Koran weiter. Wir hörten eine Erklärung dazu und besprachen dann, welche Textpassagen wir bis zum nächsten Tag auswendig lernen sollten. Wenn ich mich richtig erinnere, mussten wir uns täglich bis zu 3 Seiten oder 45 Zeilen merken. Selbst heute erscheint mir das noch eine beträchtliche Menge. In jenem Klassenzimmer wurde wirklich einiges an geistiger Anstrengung und Durchhaltevermögen gefordert.

Mein älterer Bruder Adnan besuchte dieselbe Klasse, allerdings kann ich mich an die Stunden, die wir dort gemeinsam verbrachten, kaum erinnern. Ich weiß nur noch, wie ich meinen Bruder immer im Wagen traf, der uns zur Schule brachte, und er dann irgendwo im Klassenraum verschwand. Aber da sind andere Erinnerungen, die mir sehr wohl in den Sinn kommen: Wie es klang, wenn einer der schlechteren Schüler den Koran vortrug. Es war, als höre man eine minderwertige Variante. Der Koran klang weniger heilig – oder schon heilig, aber irgendwie nicht so weich und fließend, wie er sich richtig rezitiert hätte anhören sollen. Wir alle wussten das.

Und dann war da dieser kleine Junge, der mich immer an meinen Vater denken ließ. Er war kleiner als die meisten Jungen in der Klasse, hielt sich aber kerzengerade. Man konnte seine Energie und Konzentration förmlich spüren. Ich beneidete ihn ein wenig, weil er den anderen Schülern meilenweit voraus war. Er konnte drei Seiten vortragen, ohne auch nur einen einzigen Fehler zu machen oder eine Sekunde ins Stocken zu geraten. Es war, als würde er den Text direkt aus dem Buch vorlesen. Den gesamten Monat, den wir in der Schule verbrachten, tat er das jeden einzelnen Tag. Warum konnte ich mir gerade mal drei oder vier Zeilen am Tag merken, während er die Worte regelrecht in sich aufsaugte und quasi selbst zum Koran wurde?

Der Koran ist die Welt Allahs, und ich beneidete diesen Jungen um die Fähigkeit, zur Stimme Allahs zu werden – natürlich im metaphorischen Sinne.

Während dieses Monats tauchte ich in eine religiöse Welt ab, über die ich mir heute noch meine Gedanken mache – wobei ich auch froh war, wieder draußen zu sein und den Rest des Sommers ausschlafen zu können.

Welch bleibenden Eindruck diese kurze Zeit bei mir hinterlassen hatte, sowohl im positiven als auch im negativen Sinne, wurde mir erst Jahre später bewusst. Während ich das Wort «negativ» schreibe, huscht ein nervöses Lächeln über mein Gesicht, Saif. Irgendwie scheint es falsch, einer Zeit, die dem Lernen des Koran gewidmet war, etwas Negatives nachzusagen. Viele Menschen, die wir kennen, wären entsetzt darüber. Aber diese intensive Zeit des Eintauchens in den Koran hatte tatsächlich auch negative Folgen. Warum sollte ich es also leugnen? Die Realität zu leugnen, bedeutet für uns alle einen Rückschritt. Daher leugne ich das Negative nicht. Genauso wie ich das Positive begrüße.

Als mein Bruder und ich die Schule verließen, erhielten wir für den Monat, den wir dort verbracht hatten, von der Regierung als Belohnung ein wenig Geld. In letzter Minute behielt die Schule jedoch 20 Prozent des Betrags ein, zur Unterstützung der palästinensischen Sache. Einige von uns fühlten sich um ihren «Lohn» betrogen. Sicher wäre es gerechter gewesen, wenn man es uns freigestellt hätte, einen Teil des Betrags zu spenden. Aber wie dem auch sei, das Geld wurde einbehalten – und mir erschlossen sich die Zusammenhänge von Religion, Geld und Politik. Ich hielt mich nicht lange damit auf, über die Ereignisse des vergangenen Monats nachzugrübeln, und freute mich stattdessen auf vier unbeschwerte Wochen.

Mein älterer Bruder und ich wurden in das Haus meines älteren Cousins gebracht, wo wir uns ein schönes, luxuriöses Zimmer teilten. Nach dem Abendessen verbrachten wir den Rest des Abends meist Tee trinkend vor dem Fernseher und sahen uns dabei die Berichte über den brutalen Einfall der Israelis in den Libanon 1982 an. Die arabischen Fernsehsender hielten mit den blutigen Details nicht hinter dem Berg, und die Bilder der verstümmelten und toten kleinen Kinder haben sich unauslöschlich in mein Gedächtnis gebrannt. Selbst während ich diese Worte tippe, sehe ich sie noch vor meinem inneren Auge.

In jenem Sommer bei meinem Cousin stellte man

mir eines Morgens unseren neuen Arabischlehrer vor. Ich mochte ihn. Er war jung, lachte viel und war voller Energie. Ich treffe mich bis heute mit ihm, und er ist, abgesehen von kleineren Änderungen in seinen politischen Ansichten, noch immer derselbe wundervolle Mensch wie damals. Er ist ruhiger geworden und nimmt die Ungerechtigkeiten in unserer Welt heute bereitwilliger hin als damals.

Am Nachmittag nahm ich oft den Koran zur Hand, um einzelne Passagen auswendig zu lernen. Dazu schloss ich mich in einem der Schlafzimmer ein, las die Abschnitte laut vor mich hin und stellte mir dabei vor, ein Meisterrezitator zu sein. Heute weiß ich natürlich, dass es für die Rezitation des Koran Regeln gibt und es sehr lange dauert, diese zu erlernen. Der Singsang, in dem ich die Verse vortrug, muss für jeden Zuhörer dilettantisch geklungen haben. Wenn ich heute an die vier Wochen bei meinem Cousin zurückdenke, verschmelzen meine Versuche, den Koran zu rezitieren, die Fernsehbilder und der Arabischunterricht zu einer Einheit, und ich kann erkennen, welch starke Wirkung die Kombination dieser Einflüsse damals auf mich ausgeübt hat. Mein Leben nahm einen anderen Kurs auf und verlief fortan parallel zu dem, was ich aus meiner normalen Schule kannte.

Als ich anfing, mit meinem Arabischlehrer über die Dinge zu reden, die ich gesehen hatte, reagierte er sehr umsichtig. Meist lächelte er und sagte, ich sei zu jung, um über Themen wie Gerechtigkeit und Rache zu sprechen.

Dazu bliebe auch später noch genügend Zeit. Doch gelegentlich stimmte er mir hinter vorgehaltener Hand auch zu und meinte, Rache sei unumgänglich und eines Tages wären wir diejenigen, die das Sagen hätten, und dann könne uns keiner mehr demütigen.

Wir fingen an, kurze Geschichten über die frühen Schlachten des Islam zu lesen, und dabei ließ er die Worte auf den Seiten so lebendig werden, dass ich das Gefühl hatte, dabei zu sein. Ich war ein Krieger in einer historischen Schlacht, und es fühlte sich richtig und gut an.

Was mein Wissen um das revolutionäre Potenzial des Islam anging, wurde der Arabischlehrer schnell zu meiner wichtigsten Quelle. Ich verband den Islam nicht mehr nur mit Frömmigkeit, Gebeten und dem Versprechen auf ein angenehmes Leben nach dem Tod, sondern auch mit Gerechtigkeit, Politik, Macht und dem Recht, andere zu kontrollieren. Mit zwölf stand dieses Recht für mich außer Frage, denn wir waren diejenigen, die wussten, was moralisch richtig war, und ein entsprechendes Verhalten anstrebten. Folglich konnten wir auch entscheiden, in welche Richtung unsere Gesellschaft gelenkt werden musste.

Hinzu kam, dass wir ernsthaft bemüht waren, gegen die Ungerechtigkeit anzukämpfen und unsere arabischen Glaubensbrüder und -schwestern zu beschützen, wo immer sie auch lebten. Diese noblen Beweggründe gaben uns genügend Selbstvertrauen, zu glauben, wir hätten das Recht, für alle anderen mitzuentscheiden. Zumindest mehr

Recht als jene, die sich nur um ihr Geld, ihr Vergnügen und die trivialen Annehmlichkeiten des täglichen Lebens sorgten. Eine ähnliche Einstellung beobachte ich heute bei Islamisten und radikalen Muslimen.

Ich weiß noch genau, wie sich das damals für mich anfühlte. Ich war Teil einer revolutionären religiösen Bewegung, die mir in allen Aspekten des Lebens absolute Gewissheit gab, gekoppelt mit der berauschenden Verheißung einer großzügigen Entlohnung in einem Leben nach dem Tod. Aber warum schreibe ich das, als wäre ich heute nicht mehr ganz so begeistert davon?

Ich treffe auch heute noch viele Menschen, die sich derselben Denkweise verschrieben haben und die sich auf dieselben Beweggründe und Überzeugungen berufen. Sie sind zwar sozial und wirtschaftlich integriert wie jeder andere Muslim, dennoch habe ich das Gefühl, ihnen mangelt es an etwas – und zwar an der Bereitschaft zu zweifeln. Und mit Zweifel meine ich hier dieses generelle Gefühl der Unsicherheit angesichts einer Welt, die sich ständig verändert und weiterentwickelt. Unsicherheit aufgrund all der Fakten, die uns in den Medien als in Stein gemeißelt präsentiert werden, nur um in den darauffolgenden Nachrichten dann wieder als unwichtiger Mumpitz abgetan zu werden. Doch die Geschwindigkeit, mit der sich die Darstellung von Ereignissen heutzutage verändert, ist nur einer der Gründe, weswegen ich das Gefühl habe, dass die Gewissheiten der Islamisten zum Scheitern verurteilt sind.

Unsere Überzeugungen werden von unserer sich ständig verändernden Wahrnehmung der Welt untergraben, Saif. Das bedeutet nichts anderes, als dass die unumstößliche Weltanschauung, die man uns als Kindern eingetrichtert hat, mit zunehmender Reife ins Wanken gerät. Doch indem wir ihm neue Elemente hinzufügen, können wir dieses Weltbild weiterentwickeln. Sich um Recht und Unrecht Gedanken zu machen, ist außerordentlich wichtig; wer sich allerdings benimmt, als gebe ihm das eine Vormachtstellung in der Gesellschaft, verschleiert damit nur seinen Machthunger. Dieses Untertons müssen wir uns bewusst sein. Eine Weltanschauung, nach der man sich ethisch korrekt verhält, wenn man alle Regeln befolgt, kann sich zu etwas Systematischerem wandeln – und auch zu etwas, das uns empfänglicher dafür macht, die Welt, in der wir leben, in all ihrer Komplexität und ihrem Nuancenreichtum wahrzunehmen. Wir entwickeln uns weiter, wenn wir nicht länger blindlings irgendwelchen starren Regeln folgen, sondern die Verhaltensgrundsätze herauskristallisieren, die hinter diesen Regeln stehen und sie untermauern.

In den frühen achtziger Jahren hätten mir diese Gedanken sicherlich geholfen. Hätte man uns damals nicht nur die Regeln beigebracht, sondern auch die Werte, auf die sich diese Regeln gründen, hätten wir uns in dieser Welt des Wandels bestimmt wohler gefühlt. Fakt ist jedoch, dass die vorherrschenden Stimmen des Islam, die darauf beharren, das Befolgen der Regeln sei der einzige Weg zur Erlösung, immer lauter werden. Warum das so ist? Die eine Hälfte der Antwort ist zweifellos darin zu suchen, dass sich die führenden religiösen Gelehrten von den Sorgen der gewöhnlichen islamischen Gläubigen zu weit entfernt haben. Die andere Hälfte beruht auf der Geringschätzung, mit der uns eine weltweit agierende Gemeinschaft islamischer Gelehrter begegnet, die – sei es nun bewusst oder unbewusst – religiöse Autorität für sich beansprucht und das Monopol des religiösen Wissens an sich gerissen hat.

Du und deine Generation, Saif, ihr müsst euch der Gefahren bewusst sein, die ein solches Monopol für die religiöse Lehre und den religiösen Dialog birgt, und erkennen, dass es für uns alle von Vorteil wäre, wenn dieses Monopol aufgehoben und die Parameter für relevantes Wissen großzügiger gesetzt würden.

Es ist wirklich dringend notwendig, dass wir in unserer Gesellschaft und Theologie Raum für kritische Fragen, Zweifel und Neugier schaffen.

In der momentanen Situation riskiert allerdings jeder, der an den kanonischen Glaubenssätzen zweifelt, der Blasphemie angeklagt und mit einer *Fatwa*, die ein Todesurteil enthält, belegt zu werden. Diese institutionalisierten sozialen Mechanismen sollen Menschen deiner Generation davon abhalten, mit der nötigen Klarsicht über ihr Leben nachzudenken. Dabei sollte unsere religiöse Führung vortreten und gerade die unbeantworteten Fragen aufgreifen, über die in unserer Gesellschaft nicht gesprochen wird:

Fragen der moralischen Verantwortung, Fragen zur herrschenden Elite und ihrer Vetternwirtschaft, Fragen zu Sexualität und biologischer Bestimmung, um nur ein paar zu nennen.

Denn das, Saif, sind die Fragen, die sich deiner Generation stellen. Und lass dir von niemandem erzählen, eine Frage sei auch damit beantwortet, sie unter den Teppich zu kehren. Das wäre nur allzu einfach und auch dumm. Man kann offene Fragen nicht einfach ignorieren und dann glauben, dadurch existierten sie schlicht nicht mehr. Und doch lautet die Antwort unserer religiösen Autoritäten auf bestimmte Fragen nur allzu oft, es sei falsch oder unmoralisch, diese Fragen überhaupt zu stellen.

Du wirst älter und begegnest zunehmend auch außerhalb deines unmittelbaren Schulumfeldes immer mehr Menschen. Dabei wird dir in unserer Region und vielleicht sogar im Islam generell ein wiederkehrendes Muster im Verhalten junger Männer auffallen, die ganz allgemein gesprochen zu ihrem Glauben finden. Ein solcher junger Mann schiebt all seine bisherigen Freunde und Bekannten beiseite und verschreibt sich mit Feuereifer und bedingungsloser Opferbereitschaft einem militanten Leben. Er strebt nach moralischer Perfektion und Tugendhaftigkeit, legt eine fast theatralische Frömmigkeit an den Tag und behauptet, sich Sorgen um die verlorenen Seelen seiner einstigen Freunde zu machen. Ein normaler, umgänglicher und offener junger Mensch verwandelt sich in einen engstirnigen Mann des Gebets, der alles weiß und jeden kritisiert. Dieser Zustand kann einige Zeit anhalten, früher oder später werden seine felsenfesten Überzeugungen jedoch Risse bekommen und er wird seinem selbstgewählten Pfad vielleicht nicht mehr ganz so bereitwillig folgen. Bis du den einst so frommen jungen Mann eines Tages betrunken und mit Prostituierten im Arm auf einer Party wiedertriffst, wo er dir leicht verschämt erklärt, das mit der Religiosität sei nur eine Phase gewesen und er sei nun ein neuer Mensch.

Im Laufe der Jahre habe ich mich immer wieder gefragt, ob ich mir das alles nur einbilde oder ob es dieses Phänomen tatsächlich gibt. Zahllose meiner Freunde haben einen ähnlichen Prozess durchlaufen – weg von einer extrem gelebten Aufopferung und Frömmigkeit hin zu einer plötzlichen Entspannung und Unsicherheit hinsichtlich der bisherigen Überzeugungen.

Ich selbst bekam regelrechte Depressionen, weil ich den Widerspruch zwischen meinem Glauben und der Welt, in der ich lebte, nicht aufzulösen vermochte. Die Depressionen und die Einsamkeit dauerten ganze drei Jahre, bis ich schließlich ob meiner Unfähigkeit, in der Widersprüchlichkeit dieser Welten einen Sinn zu erkennen, völlig verzweifelte. Ich hatte die Freunde verstoßen, mit denen ich aufgewachsen war. Freunde, mit denen ich mich verbunden fühlte und Erfahrungen teilte. Heute habe ich begriffen, dass wir uns im Grunde gegenseitig gebraucht hätten. Einen Freund von dir zu stoßen, mit dem du aufgewachsen bist, bedeutet, einen entscheidenden Teil deiner Persönlichkeit und Geschichte von dir zu stoßen. Wir werden erwachsen, indem wir uns mit anderen Menschen austauschen. Die religiösen Dogmen, die durch Mundpropaganda auf den Schulkorridoren und in der Schulmoschee verbreitet wurden, wiesen diese Tatsache jedoch bewusst zurück. Und dieselbe Ignoranz gegenüber der menschlichen und gemeinschaftlichen Komponente des Glaubens erkenne ich auch in den dogmatischen Varianten des Islam des 21. Jahrhunderts wieder, von denen ich glaube, dass sie zu derselben Leere und denselben Ängsten führen werden, die auch ich wie viele andere junge Menschen meiner Generation erlebt haben.

In diesem Brief wollte ich dir den Weg aufzeigen, den jeder von uns in dem Bestreben, ein guter Muslim zu sein, völlig unschuldig und mit den besten Absichten einschlagen kann. Ich möchte, dass du diesen gut ausgebauten Weg in eine verschlossene Weltanschauung rechtzeitig erkennst, denn er führt an einen gefährlichen Ort, Saif. Er kann ein Kind mit guten und ernsten Absichten in engstirnige Wut und Aggression führen. Das muss nicht unweigerlich so sein, aber es kann so sein. Und wie schützt du dich davor? Stelle dich dem Leben und vergiss dabei nie: Es gibt immer mehr als nur einen Weg, ein Hindernis zu überwinden. Ich bin damals befeuert von religiösen Überzeugungen an einen Ort des Zorns und der Isolation geraten. Heute weiß ich, Überzeugungen sind weder ein Privileg noch ein Segen, sondern eine Verpflichtung und eine Last. Eine Überzeugung sollte sanft und umsichtig sein, nicht aggressiv und zornig. Ich hoffe, du hast aus meiner Beschreibung dieses ausgetretenen Wegs etwas gelernt und setzt deine Suche dort fort, wo wahre Tugend zu finden ist – in dir selbst und deinen sanften Überzeugungen.

Gewalt

Habibi Saif,

sosehr ich dieses Thema verabscheue, ich muss auch über Gewalt schreiben – über Gewalt in der Religion und im Leben ganz allgemein. Obwohl wir von nur einem Islam sprechen, leben wir diesen auf unterschiedliche Weise. Jeder entscheidet für sich, welche Prinzipien und Werte für ihn persönlich Priorität haben. Lebst du den Islam also in einer gewalttätigen und zerstörerischen Form, projizierst du damit deine Persönlichkeit und deine Entscheidungen in den Islam hinein. Und dasselbe tust du, wenn du dich für ein gemäßigtes und versöhnliches Leben entscheidest. Im Islam findest du alles, was einen ausgeglichenen und erfüllten Menschen aus dir machen kann. Wählst du aus der Geschichte und den Texten unseres Glaubens jedoch jene Teile aus, die deinen Zorn und deine Frustration ansprechen, wirst du mit dieser Wahl eine schwere Bürde tragen.

Es gibt überall Gewalt – in jeder Religion, auch im Islam. Unsere Aufgabe ist es, die Grenzen der Gewalt zu erkennen und den Einsatz von Gewalt an den moralischen und ethischen Grundsätzen zu messen, die uns leiten.

Während du nach und nach eine eigene Einstellung entwickelst – gegenüber der Welt, der Geschichte, Texten und dem, was andere von dir verlangen –, wirst du dich zwangsläufig fragen, wozu Gewalt dient. Was bewirkt sie? Wofür steht sie? Und sobald du dir diese Fragen stellst, wirst du vielen Menschen, die weit älter und erfahrener sind als du, einiges voraushaben.

Das Leben deines Großvaters fand ein gewaltsames Ende, Saif. Diese Gewalt war unmittelbar, unerwartet und absolut zerstörerisch. Und sie war unnütz und sinnlos. Sie konnte nichts ausrichten, wenngleich sie Wellen schlug, die uns noch heute erreichen. Es war ein kurzer Ausbruch von Gewalt, dessen Echo auch Jahrzehnte später noch nicht verklungen ist. Ob ihre Wirkung mit der Zeit nachlassen wird? Ich glaube nicht. Die Gewalt, die deinen Großvater 1977 das Leben kostete, beeinträchtigt die Beziehungen und Gefühle in unserer Familie bis heute. Es sind die Auswirkungen dieser Gewalt, die mich auch heute noch antreiben und die Welt in einem ganz bestimmten Licht sehen lassen.

Ich erinnere mich noch gut, wie ich mit zwölf die Zeitungen mit den Nachrichten über seinen Tod las.

Auch wenn die Gewalt gegen meinen Vater nicht religiös motiviert war, hat die Frage nach unserem Umgang mit Gewalt in meinem Leben immer eine zentrale Rolle gespielt. Und sie wird auch im Leben der Muslime deiner Generation eine wichtige Rolle spielen. Warum? Weil die Stimmen aggressiver Geistlicher, die den Islam als eine Religion darstellen, die durch Gewalt an die Macht kommen wird, immer lauter werden. Diese Geistlichen entwerfen ein Bild des Islam, das die Weltanschauung früher islamischer Reiche zum Kern unserer Religion macht. Damit haben sie ein System aus Theorien und Überzeugungen geschaffen, welches die Argumente für eine religiöse, territoriale und militärische Vorherrschaft des Islam liefert.

Die Gründe für ihre Weltanschauung sind mannigfaltig. Auf der einen Seite erkenne ich darin tatsächlich eine stark vereinfachte Version dessen, um was es in der Geschichte des Islam geht. Auf der anderen Seite sehe ich aber auch das unbefriedigende, von Hass und Zorn erfüllte Leben dieser Menschen als Ursache. Unzufriedenheit, Hass und Zorn sind jedoch keineswegs Teil des Islam, sondern vielmehr das Resultat der eingeschränkten Lebensweise, die diese Menschen selbst für sich gewählt haben. Oder was sonst könnte die fast schon mathematische Pedanterie erklären, mit der einige dieser Geistlichen seit Jahrzehnten die genauen Voraussetzungen für den gewaltsamen Dschihad diskutieren? Was bringt Menschen mit gesundem Verstand dazu, ihr Leben der Entwicklung von Theorien zu widmen, die festlegen, wann es aus religiöser Sicht zulässig oder gar Pflicht ist, loszuziehen und andere zu töten?

Darüber hinaus gibt es auch bürokratische und institutionelle Gründe. Denn diese Geistlichen sind Teil eines Systems, das bestimmte Lehren vertritt. Stellen sie sich den in diesem System vorherrschenden Themen und Tendenzen entgegen, riskieren sie, in ihrer Institution nicht weiter aufzusteigen.

Und das Allerwichtigste: Sie sind weder in der Lage, sich die zahlreichen Optionen vorzustellen, die sich einem jeden Menschen für ein wertvolles Leben bieten, noch die vielen Wege, wie die muslimische Gemeinschaft sich zu voller Blüte entfalten kann.

Meine Frage an diese von einer Theologie der Gewalt und des Todes besessenen Geistlichen lautet: Wo sind eure gelehrten Theorien zur Bedeutung von Güte und Großherzigkeit? Warum verwendet ihr die Energie, die ihr in die Verfassung Hunderter Seiten zu einer Theologie des Todes investiert, nicht auf die Frage, was wir Muslime mit dem Leben anfangen können? Warum konzentriert ihr euch darauf, die Welt in einem Wirbelsturm aus Blut und Hass zu verlassen?

Diese Fragen hätte ich gerne beantwortet.

Du und deine Generation, ihr lebt in einer vielfältigeren und reicheren Welt. Euch sind Argumente für und wider die Gewalt in unterschiedlichster Form zugänglich. Ihr müsst nur Augen und Ohren aufsperren und euch umsehen. Doch welche religiös motivierten Argumente man dir und deiner Generation auch immer unterbreitet, die Beweise, dass Gewalt so gut wie nie einem positiven Zweck dient, sind erdrückend. Allein der sehr subtilen Androhung von Gewalt zur Abschreckung vor tatsächlichen Gewalttaten gestehe ich in manchen Fällen einen positiven Wert zu.

Von allen Formen der Gewalt, denen wir tagtäglich begegnen, bereitet mir die Einladung, sich an religiös abgesegneten Gewaltakten zu beteiligen, die größten Sorgen. Denn deine Generation hat sich als besonders anfällig erwiesen, dieser Einladung zu folgen. Sie richtet sich an Menschen mit eingeschränktem Verstand und schwachem Willen, an jene, die sich nichts Erfüllenderes vorstellen können, um ihren Glauben zu leben und ihm zu dienen.

Gewalt wird angeboten wie eine Droge oder Alkohol – als schneller Weg zu Befriedigung und Macht. Doch Gewalt ist genauso zerstörerisch wie Alkohol und Drogen, wenn nicht gar zerstörerischer. Das Ticket zur Gewalt ist ein adrenalingeschwängertes Hochgefühl, das dem von religiösen Motiven getriebenen Gewalttäter eine Art Freibrief verleiht, der jedes moralische Gesetz außer Kraft setzt. Wirfst du einen genauen Blick auf das gewalttätige Verhalten von Dschihadisten, meist gegenüber Unschuldigen, wirst du feststellen, dass die Regeln der Moral für sie nicht mehr gelten. Wie kann das sein? So merkwürdig es klingt, argumentieren sie damit, einer größeren Sache zu dienen, was kleinere moralische Vergehen entschuldige.

Ich möchte, dass du begreifst, wie schnell sich moralische Werte in ihr Gegenteil verkehren, wenn man der menschlichen Gier nach Macht und Gewalt nachgibt. Sobald wir in die Mühlen der Gewalt geraten sind, folgen wir einer ganz eigenen Dynamik, die mit unseren vorgeblich moralischen Zielen eigentlich nicht mehr vereinbar ist.

Von manchen Anhängern unseres Glaubens wird uns die Gewalt als die nobelste und wirkungsvollste Verteidigung des Islam gegen Angriffe von außen angepriesen.

Doch diese Leute sind einem Hirngespinst verfallen. Unser Glaube wird nicht angegriffen – und Gewalt zieht niemals Gutes nach sich. Sie ist auch kein nobles und wirkungsvolles Mittel, das irgendetwas anderem dient als sich selbst.

Das größte Verbrechen, dessen sich einige unserer Geistlichen schuldig machen, ist, unsere Jugend mit dem Versprechen eines sorglosen Lebens im Himmel zu Selbstmordattentaten zu verleiten. Diese kranke Idee, die unglücklicherweise auch noch dargestellt wird, als sei sie das schwerste Opfer, das ein Muslim bringen kann, ist schlicht und ergreifend irreführend. Mag schon sein, dass das eigene Leben das größte Opfer ist, das ein Mensch für eine Sache bringen kann, aber es ist mitnichten das schwerste.

Eine viel größere Herausforderung und vielleicht auch wertvoller ist es, sich der Komplexität des modernen Lebens zu stellen und sein Leben moralisch, spirituell und sozial in aller Intensität zu leben. Sich mit den Problemen einer globalisierten Wirtschaft, der Komplexität des modernen Großstadtlebens oder dem Gefühl der Sinnlosigkeit auseinanderzusetzen, das uns alle irgendwann im Leben einmal überkommt, ist sehr viel schwieriger – und aus moralischer Sicht auch sehr viel wichtiger – als sein Leben einfach aufzugeben.

Denn das stellt die wahre Herausforderung eines religiös motivierten Lebens dar – nicht in einer Wolke aus Feuer und Rauch schnellstmöglich aus dieser Welt zu verschwinden. Wer ein moralisches Leben führt, ist bereit, gute wie schlechte Zeiten durchzustehen. Denn gerade wenn wir uns Problemen wie Armut, Anonymität, Angst oder Hoffnungslosigkeit gegenübersehen, die drohen, unsere Gesellschaft auseinanderzureißen, ist es besonders wichtig, unseren moralischen Werten treu zu bleiben. In diesen Momenten wird unser Glaube auf die Probe gestellt, und wir sind gefordert, unserer Situation etwas Sinnvolles abzutrotzen.

Ich möchte, dass du der Gewalt auf genau diese Weise begegnest und jenen, die dich und deine Generation in Versuchung führen könnten, entschieden entgegentrittst. Ich frage mich oft, was wir tun können, um die Gewalt zu stoppen, und ob wir Muslime uns in unserem Umgang mit Gewalt von anderen unterscheiden. Wenn wir uns unterscheiden, dann nur, weil wir uns daran gewöhnt haben, auf eine ganz bestimmte Art miteinander umzugehen und die Welt zu beschreiben. Worauf ich damit hinaus will? Viele der Beschreibungen von Gewalt in unseren islamischen Schriften stammen aus dem 14. Jahrhundert von dem Theologen Ibn Taimīya. Seine Texte dienen an zahlreichen Stellen als Referenz für die Pflicht, zu töten, hinzurichten oder anderweitig Gewalt auszuüben.

Wir müssen uns jedoch im Klaren darüber sein, dass Ibn

Taimīya zu einer Zeit geschrieben hat, als die Mongolen Bagdad besetzten hielten und die Muslime sich extremer Gewalt ausgesetzt sahen. Die Mongolen verübten Massaker, die die islamische Welt vor Angst erzittern ließen.

Heute stellen radikale Islamisten die angeblichen Angriffe auf die muslimische Welt so dar, als ob es sich um eine Neuauflage der mongolischen Invasion handle. Womöglich berufen wir uns bei unserer Reaktion auf diese vermeintliche Bedrohung auch deshalb auf die Worte Ibn Taimīyas. Aber ist der Islam wirklich so stark bedroht? Ich glaube nicht. Und nur einmal angenommen, die Bedrohung wäre real, würden sich dann nicht konstruktivere und interessantere Möglichkeiten anbieten, ihr zu begegnen?

Wir müssen lernen zu beurteilen, was uns als Muslime und unseren Glauben tatsächlich bedroht. Die Gefahren, vor denen man uns warnt, sind ein Produkt der fiebrigen Phantasie jener, die ihre Heimat nie verlassen haben. Die Bedrohungen und Angriffe sind eingebildet. Im Grunde machen diese Menschen nichts anderes, als Außenstehende und den Westen zu Sündenböcken für die Versäumnisse der muslimischen Gesellschaft zu erklären. Es gibt da draußen in der Welt aber gar niemanden, der uns in unserem Elend, unserer Armut und unserer Unwissenheit unterdrücken will. Unsere Wut auf die ärmliche Situation, in der viele Muslime heute leben, muss sich gegen uns selbst richten, denn wir waren nicht kreativ und entschlossen genug, selbst für die Entwicklung unserer Gesellschaft zu sorgen.

Anstatt die Gewalt als einen Ausweg aus unserer Misere darzustellen, sollten wir sie also endlich hinter uns lassen. Gewalt ist das Werkzeug der Frustrierten und Zornigen. Für uns Muslime erreichen wir mit Gewalt gar nichts.

Vorbilder

Habibi Saif,

dir wird nicht entgangen sein, wie viel über die immense Bedeutung von Vorbildern im Leben junger Menschen geredet oder geschrieben wird. Was du aber vielleicht noch nicht bemerkt hast, ist, dass hinter den Kulissen der offen geführten Diskussion um die richtigen Vorbilder immer auch sehr alte und mächtige Rollenbilder am Werk sind.

Auch im islamischen Glauben wird hart um die Vormachtstellung bestimmter Vorbilder gekämpft, allen voran die des Propheten Mohammed und seiner engsten Gefährten. Du weißt natürlich, dass die Sunniten und die Schiiten aufgrund der Dispute zwischen den frühen Gefährten Mohammeds sehr unterschiedlicher Meinung sind, welche dieser Gefährten als würdige Vorbilder taugen und welche nicht. So wird 'Alī ibn Abī Tālib, der Cousin des Propheten, aufgrund seiner allgemein anerkannten Weisheit und Nähe zum Propheten sowohl von der Schia als auch von der Sunna als Vorbild verehrt. Die Sunniten zählen zudem auch noch die anderen drei Rechtgeleiteten Kalifen Abū Bakr, 'Umar sowie 'Uthmān zu ihren Vorbildern. Diese drei Gefährten hatten eine Schlüsselrolle inne, werden jedoch von einigen modernen Schiiten aufgrund ihres Verhaltens gegenüber Alī offen geschmäht. Ohne jede Frage ist dieser Disput für die Entstehung der modernen islamischen Welt von großer Bedeutung. Noch wichtiger erscheint mir allerdings die Frage, wie wir mit diesem historischen Machtstreit im Zusammenhang mit den ethischen Problemen der modernen Welt umgehen. Aus diesem Grund möchte ich mich in die Details dieser uralten Auseinandersetzung auch gar nicht weiter vertiefen, sondern lediglich darauf hinweisen, dass diese Figuren der einen oder anderen muslimischen Gruppierung auch heute noch als Vorbilder dienen.

Aber treten wir einmal einen kleinen Schritt zurück und üben etwas Demut. Ist es überhaupt realistisch, dass jemand ein Leben nach dem Vorbild des Propheten führen kann? Meiner Ansicht nach ist das gar nicht so einfach, wie viele vielleicht glauben. Denn natürlich werden wir weder wie der Prophet eine Botschaft Allahs erhalten, noch können wir leben wie in den Anfangsjahren des Islam. Der Prophet war einmalig, und als sogenanntes Siegel der Propheten kommt ihm eine sehr wichtige Rolle zu. Daran ist nicht zu rütteln. Niemand kann die Mission des Propheten nachahmen.

Der Prophet kann uns heute einzig und allein ein Vorbild darin sein, wie er laut den Überlieferungen tagtäglich lebte – nobel und würdevoll. Doch irgendwann gelangen wir an den Punkt, an dem wir eigene Entscheidungen treffen müssen.

Es gibt vieles, was der Prophet nie getan hat oder tun konnte. Orientieren wir uns dennoch ausschließlich an seinem Beispiel, werden zwangsläufig immer wieder Lücken aufklaffen. Daher auch der berühmte Ausspruch eines islamischen Theologen, der erklärte, er esse keine Wassermelone, da er nicht wisse, wie der Prophet Wassermelone gegessen habe – schließlich gebe es keinen entsprechenden Hadith, das heißt keine valide Überlieferung. Ob diese Geschichte nun wahr ist oder nicht, sie verleiht einer Denkweise Ausdruck, die in gewissen muslimischen Kreisen durchaus üblich ist. Wer das Leben des Propheten tatsächlich bis ins kleinste Detail kopieren will, muss die Uhr ins 7. Jahrhundert zurückdrehen. Eine Art Rollenspiel, die beispielhaft ist für rückständige Gesellschaften.

Ein solches Leben kann durchaus verlockend sein, denn es steht für eine Art islamischer Rückkehr zur Natur, für ein Zurück zum ursprünglichen Zustand der muslimischen Gemeinschaft – oder zumindest einer imaginären muslimischen Gemeinschaft. Tatsache ist jedoch, dass dieses Modell nur auf Texten und historischen Phantasien basiert. Es kollidiert mit etwas im 21. Jahrhundert.

Eigentlich wollte ich schreiben, dass dieses Modell mit dem 21. Jahrhundert und der modernen Welt kollidiert. Aber zu sagen, dass es mit den möglichen Lebensformen des 21. Jahrhunderts und der modernen Welt kollidiert, trifft es tatsächlich besser. Vielleicht liegt genau hierin unsere entscheidende Schwachstelle. Schließen uns unsere islamischen Vorbilder aus – oder gewähren sie uns Eintritt in die moderne Welt?

Eines dieser unglückseligen Rollenbilder, das die Jahrhunderte überdauert hat, ist der Krieger. Wenn ich an meinen islamischen Geschichtsunterricht zurückdenke, habe ich noch deutlich die Liste all der Schlachten vor Augen, die wir auswendig lernen mussten. Es handelte sich dabei um die Schlachten, die der Prophet und seine Gefährten in den ersten Jahren des Islam schlugen: die Schlacht von Uhud, die Schlacht am Jarmuk oder die Schlacht von Badr. Wir mussten alles darüber wissen: wo sie stattgefunden hatten, wie viele Krieger auf jeder Seite gekämpft und mit welchen heldenmutigen und gerissenen Feldzügen die Muslime ihre Feinde letztlich besiegt hatten. Damals wurden die Muslime mal angegriffen oder liefen Gefahr angegriffen zu werden, mal griffen sie selbst an. Darüber hinaus erzählte man uns Geschichten über die Heldentaten des Propheten und seiner Gefährten – über Männer mit Namen wie 'Umar ibn al-Chattāb oder Abū Bakr 'Abdallāh ibn Abī Quhāfa as-Siddīq.

Abū Bakr und 'Umar traten später dann in die Fußstapfen des Propheten und wurden nach seinem Tod Herrscher über die Muslime, das heißt sie wurden Kalifen. Man erzählte uns auch von dem großen Krieger Chālid ibn al-Walīd, der die Eroberungsfeldzüge in Palästina und Syrien anführte. Ich habe so viele Lobgesänge auf diesen Mann gehört, dass mir sein Name für immer unauslöschlich im Gedächtnis bleiben wird. 2015 saß ich einmal in Moskau mit zwei gebildeten Geschäftsleuten aus dem Kaukasus bei einem leichten Mittagessen beisammen, und als die Sprache zufällig auf Chālid ibn al-Walīd und seine Heldentaten kam, leuchteten ihre Gesichter vor Stolz auf.

Das ist nur eines der Beispiele dafür, welche Resonanz unsere alten Krieger auch noch im 21. Jahrhundert hervorrufen. Ein weiterer, oft erwähnter Krieger ist Tariq ibn Ziyad, der das muslimische Heer erfolgreich auf die Iberische Halbinsel führte. Berühmte Namen wie diese bewegen die Menschen bis heute. Und ihre Träger werden glorifiziert und in den Himmel gehoben, als Beispiel dafür, was arabische Muslime zu vollbringen vermögen.

Ich habe aus der Schule nicht viel mehr mitgenommen als die Geschichte der muslimischen Heere, ihrer unglaublichen Heldentaten und die Beschreibungen der herausragenden Charaktereigenschaften der Helden des Islam. Weiter als bis zu den ersten vier muslimischen Herrschern nach dem Propheten, die man heute die Rechtgeleiteten Kalifen nennt, sind wir nie gekommen. Die Sunniten erachten die Zeit ihrer Herrschaft als die Blütezeit des Islam. Und zu einer Rückkehr in eben jene Zeit rufen uns auch diejenigen Muslime auf, die ganz auf die Vergangenheit fixiert sind.

Wenn sich diese Periode der islamischen Geschichte durch irgendetwas auszeichnet, dann durch jugendliche

Energie, militärische Exzellenz, die Macht des Erfolgs und einen unerschütterlichen Glauben an den Islam. Es war eine Zeit expandierender Grenzen und mächtiger Krieger, die fette Beute machten.

Es war nicht die Zeit fähiger Verwalter und großer Bürokratien, in der friedliche Beziehungen zu den Nachbarn gepflegt worden wären. Genauso wenig war es eine Ära der Stabilität und des stetigen Wachstums. Wollte man an die Spitze und strebte nach Wohlstand und Besitz, musste man ein Krieger sein und kämpfen. Genauso wenig war es die Zeit der Dichter, Philosophen und Architekten. Es war vielmehr die Zeit, in der es schlicht und ergreifend galt, dem Islam in einer chaotischen und gewalttätigen Welt zu seinem Platz zu verhelfen.

Das ist wohl der Grund, weshalb wir uns im Islam auf der Suche nach Vorbildern so oft auf den Kriegertyp konzentrieren. Doch dieser Zugang zu unserer Geschichte hat auch Auswirkungen auf deine Weltanschauung und die deiner Generation. Meiner Meinung nach passiert gerade Folgendes: Viele junge Männer – und auch einige Frauen – sind der Überzeugung, der einzig heldenhafte Weg für sie bestehe darin, in die Fußstapfen der Krieger des frühen Islam zu treten. Diverse Geistliche und selbsternannte Gelehrte nutzen dies aus und treiben diese jungen Leute geradewegs in die Arme von Anwerbern, die sie für einen sinnlosen Krieg irgendwo in der Arabischen Wüste, in den Bergen Asiens oder den Dörfern Nigerias, Malis oder Kameruns rekrutieren. Aber kann ein Mensch, der sich der Armee eines modernen arabischen oder islamischen Landes anschließt, allen Ernstes erwarten, ein Soldatenleben wie im 7. Jahrhundert zu führen? Sollte er nicht eher mit den Anforderungen der modernen Welt rechnen? Ist es nicht an der Zeit, sowohl die Geschichte unserer arabisch-islamischen Eroberungskriege als auch die islamisch-arabische Geschichte im weiteren Sinne in neuen Dimensionen zu betrachten?

Die moderne Erscheinungsform des Kriegers ist kein junger Napoleon oder General, der umgeben von loyalen Truppen in seiner Baracke sitzt. Der moderne Krieger ist ein fügsamer, einsamer junger Mann, ein «Sonderling», der irgendwann als Bombenattentäter oder Dschihadist in Syrien oder Afghanistan endet. Auf YouTube gibt es unzählige Videos solcher jungen Männer, die noch eine letzte Erklärung abgeben, bevor sie in den sicheren Tod ziehen. Sie zeigen eine Mischung aus Stolz, Naivität, Resignation und Entschlossenheit. Sie sind bereit für das ultimative Opfer, das ein Mensch einer Sache bringen kann. Sie sind bereit, ihr Leben hinzugeben.

In der modernen muslimischen Gesellschaft gibt der Krieger eine eher traurige Figur ab. Er glaubt, seine Taten brächten ihn Allah und den Verheißungen eines Lebens nach dem Tod näher, dabei drückt er sich im Grunde nur vor den Herausforderungen des Lebens, das Allah ihm geschenkt hat.

Es existieren sehr alte Rollenbilder, die auch in unserer heutigen Welt noch Wirkung zeigen, Saif. Ich möchte, dass du das nicht vergisst. Es ist an dir und deiner Generation, diese Rollenbilder zu erkennen, zu überdenken und zu entscheiden, ob sie in der modernen Welt noch von Bedeutung sind.

Ein Krieger verkörpert Stärke, und vielleicht könnt ihr diese Idee von Stärke positiv aufladen und konstruktiv umsetzen. Vielleicht nimmt ein moderner muslimischer Krieger das Leben ja in seiner ganzen Komplexität an und kämpft mit all seinem Verstand für soziale und wirtschaftliche Gerechtigkeit – anstatt mit vollem Körpereinsatz für einen Streifen Land in der Wüste. Sobald wir begreifen, warum wir in einem Krieger nach wie vor ein Vorbild sehen, verstehen wir vielleicht auch besser, weshalb wir hinter dem Rest der Welt zurückgefallen sind. Du und deine Generation müsst euch fragen, weshalb bestimmte Richtungen des modernen Islam euch das Ideal des Kriegers als würdevolle und sinngebende Lebensform anpreisen.

Die Geschichte aus der Sicht eines Kriegers ist immer nur ein Teil der Geschichte. Denn würden wir etwas tiefer in unsere Geschichte eintauchen und uns auch mit der Zeit nach den Rechtgeleiteten Kalifen befassen, dann könnten wir feststellen, dass sich die Lage wieder beruhigte. Städte wie Damaskus und Bagdad wurden erbaut, Dynastien begründet, und die Muslime teilten sich in Gruppen, die mal für die Wahrheit, mal um die Macht kämpften. In dieser

Phase ist die Geschichte unübersichtlicher, ihr wohnt eine weniger eindeutige Bedeutung inne, und vielleicht ist sie auch nicht ganz so ehrenvoll wie zur Zeit des Propheten.

Wir Muslime sind stolz auf eine lange Reihe islamischer Reiche wie das der Umayyaden, das der Abbasiden oder auch das der Fatimiden. Wir sind stolz darauf, dass es die ersten Muslime waren, denen wir die Bewahrung der philosophischen Texte der alten Griechen verdanken, und wir sind stolz auf die Errungenschaften islamischer Mediziner und Mathematiker wie Avicenna und al-Chwarizmi.

Wären wir gewillt, die großen Persönlichkeiten dieser Zeit als Vorbilder anzuerkennen, stünde uns eine große Auswahl an Baumeistern, Denkern, Philosophen, Pionieren der Medizin, mathematischen Genies, komischen Dichtern und intellektuellen Rebellen zur Verfügung. Möchtest du deiner muslimischen Vergangenheit gerecht werden, musst du ihre Geschichte gründlich durchforsten. Du und deine Generation müsst die Geschichte des Islam ernsthaft studieren und euch bewusst werden, dass er niemals nur aus einer Armee engstirniger und fanatischer Kriegstreiber bestanden hat, wie es uns laut polternde Stimmen weismachen wollen. Der Islam war schon immer eine lebendige, aufregende, intellektuell abenteuerlustige und den Gesetzen der Logik verpflichtete Religion. Er war eine Religion des Lebens und des Wachstums. Er war eine Religion des Gebets und der Welt.

Ich war ebenfalls schon auf der Suche nach lebenden

oder historischen Vorbildern, zunächst nach dem Tode meines Vaters, aber auch später als Teenager und mit Anfang zwanzig. Wo waren die Lichtgestalten, denen ich folgen konnte, ohne das Rad noch einmal neu erfinden zu müssen? Und wenn ich Schwierigkeiten hatte, mich zu orientieren, dann gab es vielleicht noch andere, denen es ebenso ging?

Als ich elf war, tobte bereits seit sechs Jahren der Libanesische Bürgerkrieg, ausgelöst durch die Durchmischung der verschiedenen Religionen, Glaubensgemeinschaften und Ethnien in dieser Region. Das sorgfältig austarierte Zusammenleben der verschiedenen Gemeinschaften war durch veränderte Bedürfnisse und Größenverhältnisse aus dem Gleichgewicht geraten. Hinzu kamen palästinensische Flüchtlinge, die den Staat zusätzlich unter Druck setzten, bis der Frieden nicht länger aufrechterhalten werden konnte. Die unterschiedlichen religiösen und ethnischen Gruppen begannen, sich zu bewaffnen und Milizen zur Selbstverteidigung zu bilden. Die Situation verschlechterte sich zusehends.

In der Schule hörten wir von verschiedenen Gruppierungen und Vierteln in Beirut, die sich bekriegten. Immer wieder gerieten libanesische Klassenkameraden über den Bürgerkrieg in Streit, je nachdem welcher Miliz sie oder ihre Eltern sich verbunden fühlten. Es waren die ersten Anzeichen organisierter politischer Gewalt in unseren Klassenzimmern. Die komplizierte Rolle der Palästinenser – Außenseiter sowohl im Libanon als auch innerhalb der Muslime – sorgte für ein unübersichtliches Chaos aus Milizen mit sich ständig verschiebenden Loyalitäten und äußerst brutalen Taktiken.

Damals erlebte ich zum ersten Mal, wie arabische Männer und vereinzelt auch Frauen als Kämpfer(innen) glorifiziert und für ihre herausragende Tapferkeit, Gerissenheit und Opferbereitschaft gerühmt wurden. Es kursierten zwar auch Namen, doch in den meisten Fällen waren es nur anonyme Geschichten – ein 23-jähriger Mann hatte diese bewundernswerte Tat vollbracht, ein 16-jähriges Mädchen jene. Manche von uns gerieten angesichts der berichteten Heldentaten ins Phantasieren und stellten sich vor, ebenfalls zum heroischen Protagonisten einer dieser halb wahren, halb erfundenen Geschichten zu werden.

Jeder schien damals irgendeinen Cousin gehabt zu haben, der im Kampf ums Leben gekommen war. Immer war es ein Unschuldiger, ein gutaussehender und intelligenter junger Mann, der sein Leben noch vor sich hatte – weswegen es unumgänglich war, Rache zu nehmen. Dieser Krieg musste geführt werden, um die Familie, wenn nicht die Gemeinschaft von der Schande zu befreien, dass man einen der Ihren getötet hatte.

Abgesehen von den Geschichten, die man sich über den Mut und die Opferbereitschaft Einzelner erzählte, wurden wir in der Schul-Moschee zu einer bewussten Gruppenmentalität angehalten und waren überhaupt ganz allgemein einer Rhetorik ausgesetzt, die uns Zusammengehörigkeit und Ehrgefühl eintrichterte. Jeweils für sich genommen sind die einzelnen Auszüge aus der Geschichte, die man uns damals vermittelte, für unsere Kultur und Religion ohne jeden Zweifel von hohem Wert. Mit einem Abstand von 30 Jahren erkenne ich jedoch, wie eingeschränkt und negativ die von den Schulen sowie den Medien getroffene Auswahl tatsächlich war.

Viele Nationen vermitteln über den Geschichtsunterricht in den Schulen bestimmte Werte, und ich habe viel darüber nachgedacht, welche Werte man uns damals nahebrachte und ob wir sie bewusst oder unbewusst übernommen haben. Wie wir alle wissen, wird diesem Thema seit den Ereignissen des 11. September 2001 und der Veröffentlichung des *Human Development Report* der Vereinten Nationen auch regional und international großes Interesse zuteil.

Die Darstellung unserer Geschichte stellt in Wirklichkeit eine ganz gezielte Auswahl unserer Schulbuchautoren, Bildungsministerien und Regierungen, aber auch unserer religiösen Führer dar, die sich entschieden haben, den Fokus auf die kriegerischen Aspekte der arabischen und muslimischen Geschichte zu lenken. Als habe es im 7., 8. und 9. Jahrhundert nichts als Krieger und militärische Feldzüge gegeben. Wir werden um die vielen anderen Informationen betrogen, die genauso Teil unserer Geschichte sind – angefangen von sozialen und wirtschaftlichen Fragen bis hin zu geographischen und philosophischen Aspekten der Geschichtsforschung – und bekommen stattdessen oft nur eine fixe Idee dessen vorgesetzt und vorgekaut, was es bedeutet, ein guter Muslim zu sein.

Freiheit – eine Herausforderung

Lieber Saif,

viele unserer muslimischen Brüder und Schwestern behaupten, der Westen habe keine Werte. Alles sei möglich und jeder könne tun und lassen, was er wolle. Das geht oft einher mit der Feststellung, dass unverheiratete Männer und Frauen unverbindlichen Sex hätten und Kinder keinen Respekt vor ihren Eltern zeigten. Dass der Westen gottlos ist, versteht sich dabei fast von selbst.

Ich teile diese Ansichten nicht. Das will ich gleich vorab klarstellen. Dein und mein Leben sind mit dem westlichen Lebensstil eng verwoben. Ich bin sogar der festen Überzeugung, dass unsere Persönlichkeit sich aus westlichen und östlichen Elementen zusammensetzt. Wir können weder das eine noch das andere leugnen, denn es würde bedeuten, einen Teil unserer selbst, einen Teil unserer persönlichen Wahrnehmung zu leugnen.

Doch bevor ich mich etwas ausführlicher der Frage widme, wie eng wir mit dem Westen verbunden sind, möchte ich noch etwas zu der Behauptung sagen, der Westen habe keine Werte und Freiheit sei die Lizenz für ein dekadentes Leben in Sünde.

Wir Muslime sind oft prinzipiell der Ansicht, Freiheit sei gleichbedeutend mit einer Art Freibrief, der jedem alles erlaube. Etwa Drogen nehmen und anonyme sexuelle Beziehungen unterhalten, mit wem immer man will. Einfach so. Natürlich verallgemeinere ich hier sehr stark, aber es gibt im Islam durchaus Richtungen, in denen solche Vorurteile vertreten werden.

In unserer jüngeren Geschichte hat Sayyid Qutb, einer der Vordenker des modernen extremistischen Islam, genau diesen Gedanken propagiert. Qutb war ein erfolgreicher ägyptischer Autor, der in den fünfziger und sechziger Jahren in Ägypten inhaftiert war und 1966 hingerichtet worden ist. Er begann seine Karriere als Literaturkritiker mit einer Leidenschaft für arabische Dichtung. Also eher ein romantischer Typ. Er war weithin bekannt und genoss hohes Ansehen, bevor er in die Vereinigten Staaten geschickt wurde, um seine Studien zu vertiefen. Dort verbrachte er insgesamt zwei Jahre. Offenbar hat er diese Zeit – wer weiß warum – nicht sonderlich genossen. Er verbrachte sie an einem kleinen College im Mittleren Westen. Und als er schließlich nach Ägypten zurückkehrte, hatten sich seine Ansichten radikal gewandelt. Liest man seine Werke aus dieser Zeit, hält man ihn entweder für streng gläubig und fromm oder für verbittert und frustriert. Voller Abscheu und Entsetzen berichtet er, wie er Frauen und Männer gemeinsam hat tanzen sehen, wobei seine Beschreibungen von nackter Haut fast schon erotisch anmuten. War Qutb fasziniert oder angeekelt? War er ein religiöser Moralist, oder verwirrten ihn seine eigenen Triebe? Sicher ist nur, er konnte keinerlei Bezug herstellen zwischen dem Leben im Mittleren Westen und dem kleinen ägyptischen Dorf, aus dem er ursprünglich kam.

Qutb war ein sehr eloquenter und überzeugender Schriftsteller. Ich habe einige Zeit mit dem Lesen seines Hauptwerks *Im Schatten des Koran* verbracht, einer dicken Sammlung von Reflexionen über den Koran. Das Buch stellt fraglos ein bedeutendes Werk dar. In der Tradition des Islam gilt eine allgemein anerkannte Regel, der zufolge es nur ausreichend qualifizierten Gelehrten erlaubt ist, Interpretationen oder Erklärungen zum Koran zu verfassen. Das klingt logisch: Nur wer über genügend inhaltliche Kompetenz zu einem Thema verfügt, darf auch darüber schreiben.

Bei einer neuen Generation von Lesern ist mittlerweile auch eine zweite Kategorie von Texten sehr beliebt, die sogenannten «Gedanken». Sie werden von Menschen niedergeschrieben, die ihre Eingebungen, die sie beim Lesen der Koranverse haben, mit anderen teilen möchten. Bei der Lektüre einiger dieser «Gedanken» zum Koran wird schnell klar, dass dieses Format sehr viel mehr Interpretationsspielraum lässt.

Das Faszinierende an Sayyid Qutbs Kommentaren ist

sein flüssiger und mitunter fesselnder Schreibstil, mit dem er sich von den Texten, die er diskutiert, gleichzeitig meilenweit entfernt. Stellenweise scheint es zwischen dem angeblich kommentierten Korantext und dem, was er schreibt, keinerlei Verbindung mehr zu geben.

Seine Schriften sind faszinierend und abgehoben.

Man könnte auch sagen gefährlich. Ich habe sein Werk nur zögernd und mit zunehmender Beunruhigung gelesen.

Meine eigene Beschäftigung mit der Frage, ob Freiheit ein Freifahrtschein ist, führe ich auf Qutb und dessen Nachfolger zurück. Seine Worte gelten in diversen Kreisen als unantastbar, und viele gläubige Muslime sehen in Qutb eine Koryphäe, was die westliche Gesellschaft angeht. Inzwischen werden seine Ansichten sogar nachgebetet, ohne dass man sich überhaupt noch direkt auf ihn bezieht. Sie sind im muslimischen Selbstverständnis aufgegangen, ohne dass irgendjemand sie auf ihren Wahrheitsgehalt hin überprüft hätte: Die Freiheit ist ein Freibrief und bedeutet moralischen Verfall.

Ich habe selbst viele Jahre im Westen gelebt, unter anderem in New York und London, und mich oft über diese Auffassung gewundert. Ist es gerechtfertigt, die Freiheit mit einem Freibrief gleichzusetzen? Oder gar mit Dekadenz? Zugegebenermaßen war ich anfangs verwirrt. Ich tat mich schwer, den Grundgedanken zu erfassen, nach dem jeder frei ist, selbst zu entscheiden, was er in seinem Leben tun will und was er aus seinem Leben machen will. Ich fühlte mich ausgesetzt und verletzlich. Zum ersten Mal in meinem Leben waren da keine Grenzen mehr. Ich hatte das Gefühl, nicht mehr unterscheiden zu können, was erlaubt war und was nicht. Bei jeder Kleinigkeit fragte ich mich instinktiv, ob sie mir gestattet war, und sobald ich auch nur den leisesten Zweifel hegte, ließ ich lieber die Finger davon. Man könnte das meinem vorsichtigen Naturell zuschreiben, rückblickend lag es aber wohl eher daran, dass man mir jahrelang eingebläut hatte, was nach den Prinzipien und Regeln des Islam alles *harām* – verboten – war.

Wie andere Leute es schafften, sich ihre Zeit einzuteilen und Entscheidungen zu treffen, war mir ein Rätsel. Woher wussten sie, was ihnen gefiel und was nicht? Es erschien mir eine faszinierende Idee, tun zu können, was man will, anstatt gesagt zu bekommen, was man tun muss.

Dennoch war es nicht leicht für mich und verursachte mir, wie gesagt, viel Stress und innere Anspannung. Ich blieb für mich und widmete mich mal mehr, mal weniger der Religion und dem Gebet. Zeitweise klammerte ich mich regelrecht an den Koran und hörte mir die Rezitationen an, die ich von zu Hause mitgebracht hatte, dann wieder pfiff ich auf die Vorsicht und tat Dinge allein aus dem Grund, weil ich es konnte.

Nach drei Jahren an einer recht streng geführten Schule in Großbritannien schaffte ich es an die Universität. Ich war 18 Jahre alt, und auch wenn ich es damals nicht wusste, machte ich dort das erste Mal richtig Bekanntschaft mit der

Freiheit. Plötzlich musste ich nicht einmal mehr den Unterricht besuchen. Wenn ich wollte, konnte ich die ganze Nacht wach bleiben und den lieben langen Tag verschlafen. Ich konnte trinken und rauchen und mich mit Mädchen treffen. Meine Zeit stand mir zur freien Verfügung. Ich fragte meine neuen Freunde, warum das so war, und sprach auch mit meinen Lehrern darüber. Als junger Erwachsener, so sagte man mir, erwarte man von mir die nötige Reife, meine Zeit und mein Studium selbst zu organisieren. Genau wie meine Kommilitonen im Jurastudium traf ich mich nur einmal die Woche für eine Stunde mit meinem Professor, um die Ergebnisse meiner Arbeit zu besprechen. Es wurden auch jeden Tag Vorlesungen gehalten, ob wir sie besuchten oder nicht, blieb allerdings uns überlassen.

Lange ging das nicht gut. Ich hatte keine Ahnung, wie ich mich und meine Zeit organisieren sollte. Oder wie und worin ich mich besser strukturieren konnte. Ich wusste noch nicht einmal, dass es die Struktur war, die mir fehlte. Ich wusste rein gar nichts. Dazu kam, dass ich keinerlei Talent hatte, Frauen zu verführen. Ich verkroch mich in einen Kokon der Einsamkeit, rauchte und lauschte dem Koran. Als die Osterferien kamen, hatte ich genug. Ich litt unter einer waschechten Depression und wusste nichts mehr mit mir anzufangen.

Ich entschloss mich, nach Mekka zu reisen. Es war der heilige Monat Ramadan, in dem wir von Sonnenaufgang bis Sonnenuntergang fasten. Die zehn Tage der Hingabe und des Gebets, die ich in Mekka verbrachte, waren die intensivsten meines Lebens. Die heilige Moschee ist die ganze Nacht von Flutlichtern erleuchtet, und es sind Hunderttausende von Pilgern dort. Alle sind den ganzen Tag in Weiß gekleidet, sodass keiner sich vom anderen unterscheidet. Im Inneren der Moschee spürst du die Nähe Allahs. Du befindest dich im schlagenden Herzen des Islam. Ich betete und betete und betete. Zwischendurch las ich im Koran oder sah anderen beim Beten zu. Es kommen die unterschiedlichsten Menschen nach Mekka, und du spürst dort tatsächlich die universelle Macht des Islam.

Ich beschloss, in Mekka zu bleiben und nicht an die Universität zurückzukehren. Mekka war der richtige Ort für mich. Was konnte es Besseres geben, als mein Leben dem Studium des Koran und der Aussprüche des Propheten zu widmen? Ich wollte mir einen langen Bart wachsen lassen und einen schwarzen Überwurf tragen. Eines Tages würde ich ein anerkannter Gelehrter sein. Die Menschen würden im Kreis um mich herumsitzen und aufmerksam meinen Erläuterungen zu verschiedenen Aspekten des islamischen Glaubens und der islamischen Gesetze lauschen.

Dann wachte ich auf und erkannte, dass ich im Grunde nichts anderes tat, als vor den quälenden Fragen, die sich mir an der Universität stellten, davonzurennen. In Mekka leben zu wollen war ein Tagtraum, eine Flucht. Doch meine Aufgabe als Muslim war es nicht etwa, dem Westen zu entfliehen und Trost im Herzen des Islam zu suchen, sondern eine Struktur zu finden, die es mir erlaubte, dort draußen zu überleben. Das wurde mir damals klar.

Im Laufe der Jahre habe ich noch viel über Freiheit und Struktur nachgedacht und bin zu dem Schluss gekommen, dass es falsch ist, Freiheit als Dekadenz zu begreifen. Freiheit ist ein hohes Gut, das bewahrt und verteidigt wird, weil sie die Verantwortung des Einzelnen in den Mittelpunkt der Gesellschaft rückt. Freiheit wird dir nicht geschenkt, um dich selbst zu zerstören oder dich aus Prinzip unmoralisch zu verhalten. Freiheit wird dir geschenkt, damit du dir selbst eine deinem Willen und deiner Weltanschauung entsprechende moralische Struktur gibst. Ohne die Freiheit, unseren eigenen Weg zu gehen, sind wir moralische Krüppel. Denn solange wir nicht frei sind, treffen andere für uns die moralischen Entscheidungen – und zwar hier auf Erden. Können wir so unseren Glauben voll und ganz annehmen? Oder ist es nicht doch so, dass wir ihn im Grunde erst dann voll und ganz annehmen können, wenn wir auch die Freiheit haben, ihn abzulehnen, so wie es in liberalen westlichen Demokratien der Fall ist? Heute erkenne ich die Feinheiten, die der Begriff der Freiheit birgt. Freiheit ist kein Freifahrtschein für Dekadenz, sondern vielmehr unser wichtigster Partner bei der Errichtung einer moralischen Welt.

Unsere enge Verstrickung mit dem Westen

Saif,

ich möchte, dass du dir die Flut von Ideen, Ereignissen, Geschichten und Weltanschauungen vor Augen führst, die in den letzten zwei Jahrhunderten über die arabische und muslimische Welt hereingebrochen ist, angefangen mit dem Einmarsch Napoleons in Ägypten 1798. Bis zu diesem Zeitpunkt war die arabische Welt eine ruhige, abgeschiedene Region, die keinerlei Erfahrungen mit der technologischen Überlegenheit des Westens hatte.

Du wirst deine eigenen Nachforschungen zu diesem Thema anstellen müssen, und ich möchte, dass du dir dabei Gedanken darüber machst, was die Konfrontation mit neuen Dingen und Ideen mit einem Volk machen kann, das über Jahrhunderte abgeschieden in seiner eigenen Welt gelebt hat.

Sie ist ein Schock, der die Weltanschauung eines Volkes bis in ihre Grundfesten erschüttert. Das gilt für die Araber und Muslime im Jahr 1798 ebenso wie für die Azteken, als die Spanier nach Mexiko kamen, oder für die amerikanischen Ureinwohner, als die ersten europäischen Siedler auf dem nordamerikanischen Kontinent landeten.

Weltanschauungen, die unberührt, unverändert und in gewissem Sinne rein überlebt hatten, wurden plötzlich von Fragen auf den Kopf gestellt, an die zuvor niemand gedacht hatte. Da wären etwa solche Fragen wie: Entscheidet man sich für seine sexuelle Orientierung oder entdeckt man sie? Sind Menschen rational denkende, intelligente Wesen oder sind sie wie Schafe, die von Geistlichen geführt werden müssen? Oder Fragen, die wir uns einfach nie stellen: Wie sieht die Welt aus Sicht der Frauen aus anstatt aus Sicht der Männer? Wäre es nicht besser, Frauen Zugang zu Bildung zu ermöglichen, anstatt sie ins Haus zu verbannen? Was meinen wir eigentlich, wenn wir von Gerechtigkeit sprechen – sowohl im wirtschaftlichen als auch im sozialen Sinne? Was bedeutet es, in einer Welt schwach zu sein, die von Technologie- und Industriegiganten wie den USA und China beherrscht wird? Welche anderen Möglichkeiten haben wir im Umgang mit der Beziehung zwischen Mann und Frau? Ist eine vorgeblich moralische Gesellschaft einer gesunden Gesellschaft tatsächlich vorzuziehen? Können und sollten wir Politik und Ethik trennen? Gibt es Wissen, das nichts mit Religion zu tun hat? Wer wären wir ohne unseren Erdölreichtum?

Dass eine Gesellschaft oder eine Kultur sich bestimmte Fragen nicht offen stellt, heißt keineswegs, dass sie nicht in der Lage wäre, die Bedeutung neuer und fremder Fragestellungen zu erkennen.

In der islamischen Welt wird schon immer darum gestritten, was wirklich und wahrhaftig muslimisch ist und was als fremd abgelehnt werden muss.

Warum tun wir das? Warum beharren wir darauf, dass uns bestimmte Unklarheiten und Fragen nichts angehen? Weil wir uns instinktiv die Vorstellung bewahren wollen, anders und besser zu sein als die anderen. Wir beantworten Fragen auf unsere Art und benötigen dazu keine fremde Hilfe.

Aber stimmt das wirklich? Haben wir tatsächlich Antworten auf diese Fragen? Selbst ich spreche hier immer wieder von Fragen und Antworten, ohne diese beim Namen zu nennen.

Es ist wirklich bemerkenswert. Wir alle wissen, dass gewisse Fragen auch in islamischen Gesellschaften auftauchen, und dennoch verdrängen wir sie mit dem Argument: Wir sind anders als die anderen, und diese Fragen sind unserer Kultur fremd. Und als entscheidenden Beweis für die Fremdheit besagter Fragen führen wir an, dass andere Gesellschaften schon einiges unternommen hätten, um sie beantworten zu können.

Es sind in der Tat mutige und couragierte Schritte, die da unternommen wurden, auch wenn uns die Antworten nicht gefallen. Anstatt westliche Gesellschaften für die Auseinandersetzung mit diesen Themen zu kritisieren, sollten wir lieber Augen und Ohren aufsperren und erkennen, dass wir ihre Probleme teilen.

Denn größtenteils sind die Probleme, mit denen wir in modernen islamischen Gemeinschaften heute konfrontiert sind, eine Reaktion auf die vielen Fragen, die inzwischen offenliegen und vor denen wir uns nicht länger verstecken können. Für mich erklärt dies auch den Trend, sich der einfachen, simplifizierenden Weltanschauung der Salafisten anzuschließen, die sich auf die ersten Muslime zur Zeit des Propheten (die Altvorderen) sowie die zwei nachfolgenden Generationen berufen. Dahinter steckt das Bedürfnis, zu den Gewissheiten des Islam im 7. und 8. Jahrhundert zurückzukehren. Die Unverdorbenheit dieser frühen Ära des Islam wird uns Muslimen auch als Option im 21. Jahrhundert angepriesen. Wir alle werden von einigen der extremsten modernen islamistischen Gruppierungen wie dem IS, der Al-Nusra-Front oder Al-Qaida dazu eingeladen, in den Schoß einer imaginären Gemeinschaft zurückzukehren. Man lädt uns ein, das 21. Jahrhundert zu verlassen. Wir sollen uns aus der Realität, in der wir untrennbar mit dem Fremden verwoben sind, zurückziehen und uns stattdessen in einen mystischen Zustand frommer Unwissenheit zurückversetzen.

Was ich mit frommer Unwissenheit meine? Damit meine ich, dass wir so tun, als könnten wir das Wissen aus unseren Köpfen verbannen, indem wir anstehende Probleme und die Fragen, die diese aufwerfen, einfach ignorieren.

Ich meine damit Fragen zur Sexualität und zur Gleichberechtigung der Geschlechter, Fragen zu politischen und sozialen Rechten sowie die Frage, ob wir das Recht haben, uns selbst zu finden, anstatt uns den Idealen der Gemeinschaft zu unterwerfen. Wir wissen, dass andere Gesellschaften und Religionen sich diesen Fragen gestellt und die unterschiedlichsten Antworten darauf gefunden haben. Könnten einige dieser Antworten nicht auch für uns als Muslime relevant sein? Wir dürfen nicht vergessen, dass Wissen nicht nur bedeutet, Antworten zu haben. Wahres Wissen bedeutet, die Fragen und Zweifel zu kennen und sich stets dessen bewusst zu sein, dass alles auch anders sein könnte.

Du wirst dich an die Tatsache gewöhnen müssen, dass man diese Welt der Ideen, die sich weder einer spezifischen Religion noch Ethnie zuordnen lassen und die sich auch sonst nichts verpflichtet fühlen, nicht einfach unbesehen akzeptieren oder zurückweisen kann. Es ist wie beim Essen. Was man einmal zu sich genommen hat, muss man auch verdauen. Es führt kein Weg daran vorbei. Hat man eine Idee erfasst, ist man gezwungen, sie aufzunehmen und eventuell emotional oder intellektuell zu verändern, um sie der eigenen Identität und den eigenen Zielen anzupassen. Zu akzeptieren, dass nichtmuslimische Ideen, Konzepte und Technologien Teil unserer physischen, philosophischen und politischen Existenz sind, wird sich als eine große, auf lange Sicht jedoch fruchtbare Herausforderung erweisen.

Auch im 21. Jahrhundert machen sich Araber und Muslime nur selten Gedanken über die dynamische und recht durchwachsene Beziehung, die wir zum Westen unterhalten. Dabei sind wir auf alle erdenklichen Arten mit dem Westen verwoben und könnten uns womöglich selbst sehr viel besser verstehen, wenn wir diese Verbindungen anerkennen. Eine ökonomische Folge dieser Verbindungen ist beispielsweise, dass unser Leben durch den Verkauf von Erdöl und den Import großer Mengen von Industrie- und Konsumgütern nicht nur lebenswerter, sondern auch zunehmend komfortabler wird. Daraus entsteht ein interessanter Konflikt, der sich in seiner ausgeprägtesten – und auch erbärmlichsten – Form bei den islamistischen Fundamentalisten zeigt, die jede Form westlicher Zivilisation rigoros ablehnen, sich aber dennoch schamlos der technologischen Neuerungen und Konsumgüter aus dem Westen bedienen.

Diesen tiefgreifenden Widerspruch zwischen einer antiwestlichen Haltung – propagiert von arabischen Nationalisten und islamistischen Bewegungen – und der realen gegenseitigen Abhängigkeit müssen wir auflösen. Interessanterweise scheinen wir mit dem Westen enger verwoben als der Westen mit uns. Es ist zutiefst irritierend, einem Fundamentalisten zuzuhören, wie er den Westen kritisiert, während er sein Geld in US-Dollar zählt. Ist es nicht zutiefst inkonsequent, den Westen zu verdammen und gleichzeitig im Nahen Osten – in unserer streng behüteten und «umkämpften» Region – nur dem US-amerikanischen Dollar als Währung zu vertrauen?

Für dich und mich, Saif, ist es meiner Ansicht nach wichtig, in unserem täglichen Sprachgebrauch eine konsequente Haltung zum Ausdruck zu bringen, und zwar gegenüber den von uns benutzten Produkten und den Systemen, von denen sie produziert werden – das heißt gegenüber der Realität, in der wir leben, und den Ideen, die ihr zugrunde liegen.

Doch zur Sprache später mehr.

Offenbarung und Vernunft

Habibi Saif,

wir betonen oft unsere Besonderheit. Wir lieben die Vorstellung, einzigartig zu sein, und glauben, als einziges Volk je wirklich gelitten zu haben. Wir bilden uns ein, nur wir verstünden Spiritualität und hätten eine historische Bestimmung. Andere verunglimpfen wir und erheben unseren Schmerz über den aller anderen. Und so glauben wir, unsere Fragen seien einzigartig und beträfen ausschließlich uns. Wir denken, niemand könne unsere Probleme auch nur annähernd begreifen, geschweige denn eine Lösung dafür anbieten.

Sicher wirst du wie ich bald feststellen, dass wir Muslime uns in dieser weltabgewandten Haltung von anderen Religionen nicht groß unterscheiden. Wir wissen, Allah hat uns durch den Propheten Mohammed seine endgültige Botschaft an die Menschheit überbracht, und darauf sind wir stolz.

Letztlich war ein Streit unter den Muslimen vor ungefähr 1000 Jahren schuld daran, dass wir uns darauf versteiften, nicht wie alle anderen zu sein, sondern etwas Besonderes. Damals, in der Zeit direkt nach dem Tod des Propheten, trugen die ersten Muslime die einzelnen Verse des Koran zu einem einzigen Manuskript zusammen und begannen, dieses zu vervielfältigen. Ebenso viel Zeit und Energie verwandten sie darauf, die Aussprüche des Propheten zusammenzutragen. Infolge der stetigen Ausbreitung des Islam durch Missionierung und Eroberungskriege kamen die ersten Muslime in Kontakt mit anderen Wissenstraditionen und Nichtmuslimen unterschiedlicher Religionen. Dabei trafen sie insbesondere auf Christen, die in den Werken der griechischen Philosophen bewandert waren, allen voran Platon und Aristoteles.

Dank des Kontakts mit ihren neuen Untertanen, die in vielen Fällen auch zu Anhängern des Islam wurden, stießen die ersten arabischen Muslime auf viele ihnen unbekannte Ideen.

Der Islam entwickelte sich weiter, indem er sich einerseits neuen Fragen zuwandte, die sich aus dem islamischen Glauben ergaben, andererseits aber auch – und das ist entscheidend – eigene Antworten auf die Fragen der Nichtmuslime und großen griechischen Philosophen suchte. Wie das kam? Die frühen Muslime erkannten, dass nichtmuslimische Unterworfene dem Ruf des Islam sehr kluge Argumente entgegenstellten. Wollten sie diese also davon überzeugen, den islamischen Glauben anzunehmen, mussten sie sich mit der Logik und Argumentationsweise anderer Kulturen vertraut machen.

Doch welche Fragen stellten sich damals? Und sind sie für unser Leben als moderne Muslime noch von Bedeutung? Nun, eine der grundlegendsten Fragen der frühen Muslime ergab sich allein aus der Erkenntnis, dass der Koran und die Aussprüche des Propheten nicht jede Frage zu moralischem und ethischem Verhalten beantwortete. Wie war dieses Problem zu lösen? Wie sollte man die Lücken schließen? Die eine Hälfte der islamischen Denker sprach sich dafür aus, an den vorhandenen Texten festzuhalten. Die andere Hälfte war der Ansicht, die Lücken, die Allah und der Prophet gelassen hatten, gelte es mit menschlicher Logik und Vernunft zu schließen. So kam es zu einem massiven Konflikt zwischen den Vertretern der Vernunft – will heißen, der menschlichen Logik – und den Vertretern der Offenbarung – womit hier die Offenbarung Allahs gemeint ist. Diese Debatte wurde in einer aufgeheizten und politisch angespannten Atmosphäre geführt.

Doch wie kam es überhaupt zu dem Streit? Um welche Lücken ging es denn? Betrachten wir die Sache einmal aus einem machtpolitischen Blickwinkel. Der Koran schreibt den Muslimen kein politisches System vor. Aber das bedeutet nicht, dass wir kein politisches System bräuchten. Der Prophet selbst war nicht nur ein religiöser, sondern auch ein militärischer und politischer Führer. Woher wussten die frühen Muslime also, wie sie sich in politischen Fragen zu entscheiden hatten? Wie wählten sie den Anführer der Gemeinschaft der Muslime? Wie übertrug sich die Macht von einem Anführer auf den nächsten? Wie ließen sich Fehler korrigieren? Wie konnten Opposition oder Meinungsverschiedenheiten zum Ausdruck gebracht werden?

Heute würde man diese Fragen wohl eher so formulieren: Wie kann sichergestellt werden, dass politische Macht nicht missbraucht wird? Muss sie auf eine Person konzentriert sein, oder kann sie an verschiedenen Stellen walten?

Am Ende gingen die Vertreter der reinen Offenbarung aus diversen Gründen als Sieger aus dem Streit hervor. Die für die Vernunft eingetreten waren, wurden verfolgt und gejagt, und so hat ihre Denkschule in unserer 1000 Jahre alten Geschichte nur eine schwache Spur hinterlassen.

Es ist interessant zu beobachten, wie die Folgen eines 1000 Jahre alten Streits die arabische und die ganze islamische Welt auch heute noch in Aufruhr zu versetzen vermögen. Die Vernunft wurde seinerzeit ausgeschlossen, weshalb sie bis heute ausschließlich mit den griechischen Philosophen und den sogenannten Mu'tazila – muslimischen Denkern, die bei der Interpretation des göttlichen Willens Logik und Vernunft in den Vordergrund stellten – assoziiert wird.

Bedauerlicherweise ist das Wort «falsafa», das «Philosophie» bedeutet, heutzutage sowohl in der arabischen Welt als auch in der arabischen Sprache ein Schimpfwort. Das beruht auf der Überzeugung, die Philosophie stehe der Bewahrung eines reinen Glaubens entgegen und beschmutze ihn durch ihre Fragestellungen, die nur dazu dienten, Zwietracht unter den Muslimen zu säen.

Nach meinem Dafürhalten stellen sich die Fragen der frühen Philosophen, ob nun muslimisch oder nichtmuslimisch, in jeder Gesellschaft in irgendeiner Form. Und die wertvollen Schriften, welche die arabischen Muslime einst in die arabische Sprache übersetzten und dadurch zu ihrem intellektuellen Kapital zählen durften, trugen entscheidend dazu bei, unser Verständnis dieser grundlegenden Fragen kontinuierlich zu verbessern. Indem wir den Philosophen den Rücken kehrten, verschlossen wir uns auch ihren Fragestellungen. Wir kapselten uns ab und schlossen uns ein in der isolierten Welt der Offenbarungen des Koran.

Gewisse Fragen haben jedoch die merkwürdige Angewohnheit, immer wieder aufzutauchen. Und so kommen sie auch in der modernen Welt der Technologie und Globalisierung, in der wir beide heute leben, wieder zum Vorschein.

Wir müssen uns der Frage, wie Vernunft und Offenbarung miteinander vereinbar sind, mutig und unvoreingenommen stellen. Dabei kommen wir nicht umhin, auch jene Antworten in Betracht zu ziehen, die andere Religionen in den letzten 1000 Jahren schon gefunden haben. Schließlich haben wir ein Jahrtausend lang alles getan, um diese und andere Fragen bestmöglich zu ignorieren. Auch andere Religionen sind angesichts dieser Fragestellungen schon in Aufruhr geraten. Mit welchen Antworten können sie aufwarten? Stellen sich in jedem Glauben dieselben Fragen, dann können wir als Muslime von einer Auseinandersetzung mit den Antworten, die darauf bereits gefunden wurden und noch gefunden werden, doch nur profitieren.

Kann dies tatsächlich, wie viele unserer Geistlichen bis heute befürchten, eine Bedrohung für die Integrität und den Zusammenhalt der Gemeinschaft der Muslime darstellen? Ich denke, das Gegenteil ist der Fall. Indem wir diese Fragen offen angehen, werden sich uns vielmehr weitere Möglichkeiten der Integrität und des Zusammenhalts eröffnen. Wir werden dadurch nicht nur unseren Glauben, sondern auch das Verständnis für unseren Glauben vertiefen. Nur eines dürfen wir nicht tun, daran zweifeln, dass es da draußen gute und wichtige Antworten gibt.

Was riskieren wir als Muslime schon, wenn wir die Antworten anderer in Betracht ziehen? Riskieren wir, unseren Glauben zu verlieren? Beschmutzen wir ihn? Oder sind wir schlechtere Muslime, nur weil wir woanders bessere Antworten finden? Wohl kaum. Wenn wir die Augen aufmachen und sehen, dass wir mit unseren Fragen nicht alleine sind, wird uns das in unserem Glauben sogar noch stärken. Wir werden erkennen, dass der Islam die Kapazitäten und die Ressourcen hat, alle Arten von Denkansätzen und intellektuellen Herausforderungen zu integrieren, und so auf die allgemeine Bedeutung unseres Glaubens noch stolzer sein.

In all den Jahren ist mir immer klarer geworden, dass

manche Fragen uns alle als Menschen etwas angehen, ganz unabhängig von unserer Religion. Das ist ein gewisser Trost. Als ich in deinem Alter war, fing ich gerade erst an, mir vorzustellen, dass es diese wichtigen Fragen geben könnte. Damals war es absolut tabu, solche Fragen auch nur anzudeuten, geschweige denn sie klar zu formulieren. Heute prasseln aus allen Richtungen Fragen nur so auf uns ein, und in deinen Fragen wird sich wahrscheinlich vieles um Menschen anderen Glaubens drehen. Wie können wir unsere Identität als Muslime wahren und gleichzeitig mit Menschen umgehen, die unseren Glauben nicht teilen? Mit diesem grundlegenden Problem müssen sich auch andere Religionen auseinandersetzen, denn es geht dabei um den Absolutheitsanspruch einer Religion und dessen Tragweite.

Darüber hinaus stellen sich aber auch noch andere Fragen. Wie wir beispielsweise mit Gewalt umgehen und welchen Platz historische Gewalt in unserem modernen Verständnis des Islam einnehmen darf. Andere Religionen wie das Christentum und das Judentum haben sich intensiv mit der Gewalt auseinandergesetzt, und zwar nicht nur mit ihren direkten Erfahrungen als Täter und Opfer, sondern auch mit theoretischen Fragen zur Gewalt in Religion und Gesellschaft. Daher sollten wir uns mit ihrer Literatur dazu auseinandersetzen und überprüfen, was unsere Geistlichen womöglich vernachlässigen oder übersehen haben könnten. Uns stehen heute sehr viele Perspektiven offen, die Welt zu betrachten. Wir sind keine in der Wüste lebenden Stämme mehr, keine Dorfbewohner am Rande des Weltgeschehens. Wir alle sind tief verwoben mit den Ereignissen der modernen Welt und ihren Anforderungen. Wie sollen wir bloß unsere alten Konzepte und Haltungen erweitern, ohne unsere emotionalen und geistigen Überzeugungen aufzugeben? Sollten wir uns nicht doch besser der Vergangenheit zuwenden, auf unsere Einzigartigkeit pochen und die Augen verschließen vor dem, was wir von anderen lernen können?

Ich nehme an, ich habe diesen Brief deshalb mit ebendiesen Gedanken begonnen, weil ich selbst Jahre gebraucht habe, um zu erkennen, dass all die Fragen, die im Kern unseres Glauben schlummern, auch schon von anderen Religionen und anderen Menschen gestellt wurden, und weil ich will, dass du dir der ganzen Bandbreite von Positionen und Argumenten bewusst wirst, die dem Islam innewohnen. Damit meine ich sowohl die Postionen und Argumente der verschiedenen und oft zerstrittenen Religionsgemeinschaften des modernen Islam als auch die der alten islamischen Denkschulen, die über die Jahrhunderte langsam verblasst und verschwunden sind. Erinnerst du dich, wie ich dich mit 13 gemeinsam mit deinem jüngeren Bruder in Los Angeles einmal zu einem Besuch bei einem Professor für islamisches Recht mitgenommen habe? Er hatte sein Haus in ein Heim für verwaiste Bücher verwandelt. Ihm und seiner Familie blieb kaum Platz zum Leben.

Er zeigte uns Tausende von Büchern, die er während seiner lebenslangen Studien angesammelt hatte, und erzählte uns von alten Texten, die er erworben hatte, und in denen frühe Muslime Gedanken festgehalten hatten, die heute völlig in Vergessenheit geraten sind. Es sind die Überlegungen unserer Vorgänger – und waren die etwa schlechtere Muslime, weil sie sich mit fremden Ideen und Denkansätzen beschäftigt haben? Weil sie Fragen gestellt und verschiedene Möglichkeiten in Betracht gezogen haben?

Ich möchte, dass du dich mit den theologischen Schriften des Judentums, des Christentums sowie des Buddhismus und des Hinduismus auseinandersetzt. Ich möchte, dass du die großen Werke der griechischen und arabischen Philosophen liest. Ich möchte, dass du dich mit wachem Blick und Verstand mit den großen Denkern beschäftigst, die die Welt im Laufe der Jahrhunderte hervorgebracht hat. Sich mit den Fragen vertraut zu machen, die diese Literatur zu beantworten sucht, stellt einen enormen Gewinn dar. Der Scharfsinn menschlicher Wahrnehmung wird dich überwältigen. Und sollte dir ein freundlicher muslimischer Geistlicher erzählen, es sei falsch, diese Werke zu lesen, dann sag ihm, das könntest du erst dann wissen, wenn du sie gelesen und verstanden hast. Es gibt keine falschen Erkenntnisse – nur problematische, aufwühlende, erhellende, befreiende oder faszinierende.

Der freundliche Geistliche wird dir erklären, im Islam sei schon alles enthalten. Und das wird auch die Wahrheit sein. Dennoch kannst du erwidern, die Wahrnehmung der Menschen sei verschieden und du wollest wissen, wie andere unsere Welt sehen. Eventuell helfen dir ihre Beschreibungen sogar, dich noch enger an deinen Glauben zu binden. In meinen Augen ist das größte Geschenk, das andere Menschen einem machen können, die Eleganz, mit der sie ihre Beobachtungen formulieren, die Arbeit, die sie in die Entwicklung interessanter Positionen investieren und die Perfektion, mit der sie diese zum Ausdruck bringen. So wie du Romane liest, um die Vielfalt der Worte für Gefühle und Erfahrungen kennenzulernen, die wir alle teilen, liest du auch die philosophischen und theologischen Gedanken anderer, um deine eigene Sichtweise zu bereichern.

Und behauptet der freundliche Geistliche dann am Ende noch, all deine Fragen wären mit den Texten unserer Vorfahren schon beantwortet, dann sag ihm, deiner Ansicht nach sollte sich jede Generation von Muslimen mit ihrem Glauben und ihren Überzeugungen neu auseinandersetzen, und zwar nach ihren eigenen Vorgaben. Du und deine Generation, ihr seid Kinder des frühen 21. Jahrhunderts. In euren Köpfen steckt eine Mischung aus Traditionen, Gewohnheiten, Ideen und Erfahrungen, die ihr auf Reisen sowie im Umgang mit modernen Technologien gesammelt habt, und die für Muslime in den fünfziger Jahren keinen Sinn ergeben hätten, ganz zu schweigen von Muslimen im 10. oder 7. Jahrhundert. Du und deine Freunde, ihr müsst den Islam in euren Worten neu formulieren, damit er den

Bedürfnissen eurer Generation genügt. Andere Lebensumstände zwingen uns, den Fokus zu ändern und neue Prioritäten zu setzen.

Ich will diesen Brief schließen, indem ich dich vor eine Wahl stelle. Willst du als ein Muslim leben, der darauf beharrt, nur muslimisches Wissen, muslimische Weisheit und muslimische Einsichten hätten eine Existenzberechtigung? Oder willst du dein Wissen, deine Weisheit und deine Einsichten aus allen Kulturen dieser Welt, jeder Literatur und jeder Philosophie beziehen? Willst du dich in einen begrenzten Raum zurückziehen und von allem abkapseln? Oder willst du hinausziehen in die große weite Welt der menschlichen Erfahrung?

Predigten und was uns freitags in der Moschee erwartet

Habibi Saif,

als ich so alt war wie du, besuchte ich jeden Freitag die Moschee. Das gemeinsame Gebet war eine Gelegenheit, mit den unterschiedlichsten Menschen zusammenzukommen. Alle reihten sich auf, Arm wie Reich gleichermaßen, und folgten dem Ritual aus Niederknien und Rezitationen, wie es von einem Muslim verlangt wird. Vor dem Gebet setzten wir uns alle mit dem Gesicht nach vorne auf den Boden und hörten dem Imam oder dem Vorbeter zu, der seine wöchentliche Predigt hielt. Das meiste von dem, was er sagte, verstand ich nicht, da mein Arabisch nicht besonders gut war, und das bisschen, was ich verstand, bestand größtenteils aus Bitten an Allah, die Muslime in aller Welt zu beschützen sowie die Feinde des Islam zu vernichten. Die Erinnerung an diese Freitagsgebete ruft gemischte Gefühle in mir hervor. An die Schönheit des Gebets und die gemeinsame Verehrung Allahs denke ich gerne zurück, ich liebte den Teil des Freitagsgebets, in dem man sich gemeinsam niederwarf und Koranverse murmelte.

Die Brutalität und Aggression der Predigt jedoch hat sowohl meine Freunde als auch mich immer verstört. Dies stellt ein ernstes Thema dar, das inzwischen überall in der muslimischen Welt offen diskutiert wird, und du kannst heute Moscheen besuchen, in denen sich der Ton deutlich geändert hat.

Als man mich nach Großbritannien ins Internat schickte, war ich 15. Gleich am ersten Freitag – dem Tag zum Ausruhen und gemeinsamen Beten – ging ich nicht wie die anderen Kinder in die Kirche, sondern eilte stattdessen in die Moschee. Das war mit der Schule so vereinbart.

Gemeinsam mit meinen muslimischen Klassenkameraden wanderte ich also von der Schule in Richtung Vorstadt. Je weiter wir kamen, umso kleiner wurden die Häuser. Die Gegend zählte eindeutig nicht zu den besten. Endlich zeigte einer meiner Kameraden auf das Haus, das als Moschee diente. Es war ein kleines Wohnhaus aus rotem Backstein, eines der vielen Einheitshäuser, wie man sie überall in englischen Vorstädten findet. Wir zogen die Schuhe aus und betraten das hell erleuchtete Innere. Um einen großen Gebetsraum zu schaffen, hatte man einige der Hauptwände herausgerissen. Auf dem Boden lagen unordentlich aufgereiht in China hergestellte bunte Gebetsteppiche aus Seide. Wir begrüßten die versammelten Anwesenden mit einem schüchternen Murmeln. Alle trugen südasiatische Kleidung und schienen sich gut zu kennen. Und alle waren deutlich älter als wir.

Als ich die Vorstadtmoschee nach einer Weile wieder verließ, war ich geschockt von einem Islam, der mir äußerst brutal erschien. Während der Predigt in einer mir unverständlichen Sprache – ich glaube, es war Bengali – hatte man mir kleinere Flugblätter mit Maschinengewehren und der Aufforderung, diverse arabische Führer zu töten, in die Hand gedrückt.

Sobald das Gebet zu Ende war, ging ich schnurstracks zur Schule zurück und bat darum, den Lehrer zu sprechen, der für das Wohnheim zuständig war, in dem ich während der Schulzeit wohnen sollte.

Das Ganze war mir irgendwie peinlich, und ich wusste nicht so recht, wo ich anfangen sollte. Ich erzählte von meinen Erlebnissen in der Moschee und gestand, dass mir nicht wohl wahr bei dem Gedanken, wieder dort hinzugehen. Ich ging bei meinem Bericht nicht allzu sehr ins Detail, und der Lehrer stellte auch nicht allzu viele Fragen. Er schlug mir vor, stattdessen in die Kirche zu gehen, was mich ein wenig erstaunte. Wie kam er auf die Idee, mich in einen christlichen Gottesdienst zu schicken? Warum konnte ich nicht einfach in unserem leeren Klassenzimmer sitzen und warten, bis die anderen aus der Kirche zurückkamen?

Irgendwie schaffte er es aber doch, mich davon zu überzeugen, dass der Gottesdienst nicht unbedingt für jeden ein religiöses Erlebnis sein musste. Er bot auch eine Gelegenheit, andere Schüler außerhalb des Klassenzimmers zu treffen und an der Gemeinschaft der Schule teilzuhaben.

Zudem, so sagte er, würde die Schulleitung im Gottesdienst manchmal wichtige Ankündigungen für die Schüler machen.

Zunächst hörte ich mir das alles nur aufmerksam an, doch etwas später ging ich noch einmal zu ihm, um ihm mitzuteilen, dass ich am Gottesdienst in der Kirche teilnehmen würde. Warum ich mich damals dazu entschloss? Ich kann mir gut vorstellen, wie entsetzt die Leute zu Hause gewesen wären, hätten sie davon gewusst. Bestimmte Muslime wären auch heute noch geschockt, weil ich als Muslim einen christlichen Gottesdienst besucht habe, und würden die Wahrhaftigkeit meines Glaubens in Frage stellen.

Aber ich will dir sagen, warum ich es getan und auch nie bereut habe. Ich besuchte die Kirche natürlich nicht aus Glaubensgründen, sondern aus Angst vor meiner eigenen religiösen Gemeinschaft. So traurig das für mich war, aber was ich in der Moschee in der Nähe meiner Schule gesehen und gehört hatte, erschien mir nicht als die richtige Art, zu beten und Gemeinschaft zu leben. Und schon gar nicht hielt ich die Moschee für einen geeigneten Ort, um derartige Propaganda zu verbreiten. Warum sollte ich eine Moschee besuchen, in der man mich dazu ermutigte, mich an einem gedankenlosen Krieg gegen alles und jeden zu beteiligen?

Was ich in dieser Moschee erlebt habe, hat mich damals stark aufgewühlt und tut es bis heute. Ich hatte das Gefühl, die Leute dort verhöhnten unseren Glauben. Sie hatten sich eines öffentlichen Raums für Muslime aller Nationalitäten bemächtigt und diesen in eine armselige Bruchbude verwandelt, in der sie ihr besonders ignorantes und gewalttätiges Programm durchziehen konnten. Sie hatten den Ort, an dem ich gehofft hatte, Trost zu finden und zu beten, zu einem Lager für barfüßige, ungebildete Möchtegernkrieger degradiert. Diese Muslime hatten einen für jeden zugänglichen Ort der Großmut und Ruhe in einen Ort des Zorns und der Gewalt verwandelt, oder zumindest zugelassen, dass dies geschah.

An diesem Tag kam ich zu dem Schluss, dass ich das, was ich dort als muslimischen Ort des Gebets vorgefunden hatte, für inakzeptabel hielt, auch wenn ich selbst Muslim war. Blicke ich heute auf diesen Tag vor fast 30 Jahren zurück, erkenne ich ganz deutlich, was mir damals noch nicht in diesem Maße klar war: Ich hatte damals nahezu bewusst für mich entschieden, dass die Art, wie wir den Islam leben, auf einer Reihe persönlicher Entscheidungen basiert. Und diese Entscheidungen wiederum gründen sich auf unsere individuelle Weltanschauung.

Natürlich wurde auch in dieser Moschee eine muslimische Haltung vertreten. Aber musste sie so engstirnig, böse und zornig sein? Musste sie gewalttätig, aggressiv und ignorant sein? Ich glaube nicht. Und war sie repräsentativ für den gesamten Islam und all seine Schönheit? Auch das ganz sicher nicht. Vielmehr stand diese Haltung für einen durch seine Anhänger verarmten Islam. Verstehst du, was ich damit sagen will? Ich muss es selbst noch einmal lesen: «ein durch seine Anhänger verarmter Islam». Damit will ich zum Ausdruck bringen, dass wir als praktizierende Muslime meiner Ansicht nach dazu verpflichtet und aufgerufen sind, unsere herausragendsten und besten Qualitäten in den Islam einzubringen. Tun wir das nicht, liegt der Fehler nicht beim Islam, sondern bei uns als Volk, weil wir über die unterschiedlichen Ansätze, zwischen denen wir hin und her gerissen sind, nicht gründlich genug nachdenken oder uns nicht entschieden genug bemühen, sie zu begreifen.

Von diesem Tag an habe ich mit den übrigen Schülern die Kirche besucht. Ob ich gebetet habe? Nein, ich habe nicht gebetet. Ob ich in der Kirche Dekadenz und einem Mangel an Moral begegnet bin? Ganz und gar nicht. Ich hörte mir die Predigten an. Und dabei stellte ich fest, wie sehr sie sich von den hitzigen Predigten unterschieden, die ich seit meiner Kindheit in der Moschee zu hören bekommen hatte. Auch aus diesem Grund glaube ich, dass wir die Sichtweise anderer Religionen direkt erleben müssen, um unsere eigene Religion besser reflektieren zu können. Erst nachdem ich mir die Predigten in einer Kirche angehört hatte, kam mir der Gedanke, dass die Predigten in unseren Moscheen vielleicht auch anders gehalten werden könnten.

Zudem bin ich ganz klar zu der Überzeugung gelangt, dass Glaube und gelebte Gemeinschaft zusammengehören. Sie sind Teile des Ganzen, Saif, und deshalb wird in religiösen Gemeinschaften auch gepredigt. Die Gläubigen werden direkt angesprochen, wobei unterschiedliche Religionen unterschiedliche Vorstellungen davon haben, wie eine Gemeinde gelenkt, beraten, ermutigt und geführt werden sollte. Was die Predigten angeht, die du und ich in der arabischen Welt gehört haben, kann ich mich allerdings des Gefühls nicht erwehren, dass sie eher das Produkt träger Gewohnheit als einer bewussten Entscheidung sind. Die Worte, die von einer Generation an die nächste weitergegeben werden, wiegen so schwer, dass wir nicht mehr darüber nachdenken, ob wir nicht auch etwas anders predigen könnten.

Was würdest du heute zu Hause in den Emiraten in einer Moschee vorfinden? Nun, die Regierung dort war gezwungen, sich einzuschalten und für die Predigten beim Freitagsgebet in den Moscheen Standards vorzugeben. So ist es den Predigern nicht mehr erlaubt, zu Gewalt aufzurufen. Es ist ihnen nicht erlaubt, Hass zu predigen. Und es ist ihnen auch nicht länger erlaubt, Anhänger anderer Religionen öffentlich zu verurteilen. Wir haben uns als Gemeinschaft zusammengerauft und entschieden, dass es uns als Muslimen zusteht, von unseren religiösen Führern erbaulichere Predigten einzufordern. Anstatt Zorn und Gewalt in den Mittelpunkt zu stellen, was offensichtlich das Resultat einer schlechten Ausbildung und jahrzehntelanger Unbeweglichkeit war, haben wir inzwischen Prediger, die über konstruktive Werte sprechen. Sie erklären, wie die Menschen sich gegenseitig helfen können, erläutern die komplizierteren Passagen des Koran oder weisen auf versteckte Weisheiten in den Aussprüchen des Propheten hin. Heute verlässt du die Moschee nach dem Freitagsgebet nicht mehr gereizt und wutentbrannt, sondern von einem ruhigen Stolz erfüllt. Du kannst mit der Gewissheit in die Moschee gehen, dass man dich dort nicht manipulieren wird, wie es in der Vergangenheit offenbar der Fall war, sondern dich stattdessen moralisch aufrichtet.

Nicht in allen überwiegend muslimischen Ländern ist es den Regierungen gelungen, den religiösen Diskurs dahingehend zu steuern. Da nicht nur in der Moschee gepredigt wird, ist es besonders schwierig, diesen Bereich zu regulieren und zu überwachen. Inoffizielle Orte, an denen sich Menschen versammeln, um radikalen Predigern zuzuhören, gibt es überall. Zudem sind viele Reden oder Predigten radikaler Islamisten, die inzwischen verhaftet oder gar getötet wurden, auch im Internet verfügbar. Möchtest du dir die Prediger des radikalen Islam anhören, wird jede Regierung Schwierigkeiten haben, dich davon abzuhalten.

Aber in dem Maße, wie sich der Islam weiterentwickelt, wird sich auch unsere gemeinschaftliche Vorstellung vom Zweck und den Möglichkeiten des Freitagsgebets weiterentwickeln.

Gute Taten und schlechte Taten

Habibi Saif,

als ich in deinem Alter war, hatte das Konzept von *Hasanat* und *Sayi'ah* große Bedeutung für mich. Übersetzt würde ich von «guten Taten» und «schlechten Taten» sprechen, für die es ein Punktesystem gibt. Es waren und sind mächtige Worte, die mir bis heute täglich im Kopf herumspuken. Denn noch immer unterteile ich im Geiste alles in gute und in schlechte Taten. Als Kinder wollten wir stets wissen, in welchem Maße etwas zu den *Hasanat* zählte oder nicht. Bei allem, was wir taten, stellten wir uns vor, dass links und rechts jeweils Engel auf unseren Schultern saßen, die unsere guten und schlechten Taten aufschrieben. Am Tag des Jüngsten Gerichts würde man diese Engel dann rufen, damit sie vortrugen, was wir in unserem Leben getan hatten, und Allah würde in seinem Urteil die guten gegen die schlechten Taten abwägen.

Ein solches Prinzip leuchtet jedem Kind ein, egal in welch einer Gesellschaft es lebt.

Man kennt die Idee des «Punktesammelns» aus vielen Religionen und auch aus vielen anderen Lebensbereichen.

So wirst du selbst von sehr reichen Geschäftsleuten immer wieder zu hören bekommen, dass ihnen die riesigen Summen, die sie verdienen, nur deshalb wichtig seien, weil sie ihren Erfolg sichtbar machten. Man hat gewissermaßen eine Möglichkeit, unter Beweis zu stellen, dass man seine Sache gut macht. Hinter dem Punktesammeln steckt also ein ganz bestimmter Zweck, und in unserem Glauben dient es meiner Meinung nach dazu, Taten unterschiedlich zu gewichten und eine Tat über die andere zu stellen. In jedem Fall ist es aber richtungsweisend für unser moralisches Verhalten.

Manchmal überlege ich allerdings, ob wir dieses Punktesystem nicht noch einmal überdenken sollten. Denn auch wenn Allahs System sicher perfekt ist, wir Menschen sind es nicht. Je nachdem, wie man die menschliche Entwicklung betrachtet, hat unsere Psyche Fortschritte oder Rückschritte gemacht. Zur Zeit des Propheten war unser Punktesystem noch exakt auf das Leben der frühen Muslime zugeschnitten. Im 21. Jahrhundert müssen wir aber vielleicht noch einmal neu darüber nachdenken, wie wir es in unser Leben integrieren.

Hier ein Beispiel, über das du dir Gedanken machen solltest: Beim Durchblättern der Aussprüche des Propheten findest du Kapitelüberschriften, unter denen sie zusammengefasst werden. Diese Überschriften reflektieren die Sorgen und Nöte der Menschen, die im 7. Jahrhundert in den steinigen Wüstenlandschaften um Mekka und Medina lebten. Die Themen, um die es geht, sind rasch aufgelistet. So findest du unter anderem Regeln zur Ablution (rituelle Waschung vor dem Gebet), zum Fasten, zum Beten, zur *Zakāt* (Armensteuer) und zu Geschäftsabschlüssen.

Im sunnitischen Islam decken diese Kategorien einige tausend Aussprüche des Propheten ab, wohingegen die *Schia* deutlich weniger anerkennt, da sie die Richtigkeit der Aussprüche nach anderen Kriterien überprüft als die *Sunna*.

Gelegentlich findet man in den Überlieferungen auch Hinweise dazu, wie viel *Hasanat* ein Mensch für bestimmte Taten oder das Rezitieren bestimmter Koranverse und Gebete angerechnet bekommt.

Auch in unseren modernen Zeiten triffst du noch auf Menschen, die die Welt in *Hasanat* und *Sayi'ah* unterteilen. Sie stecken jede Tat und jeden Gedanken in eine Schublade, schwarz oder weiß, erlaubt oder verboten, und zählen – wahrscheinlich unterbewusst – die Pluspunkte, die sie über den Tag verteilt anhäufen.

Aber wohin führt uns eine Unterteilung in *Hasanat* und *Sayi'ah*? Inwiefern kann sie uns tatsächlich in dem Bestreben unterstützen, moralisch zu handeln? Ich denke, sie kann durchaus richtungsweisend sein, sehen wir sie jedoch zu eng, schränkt sie uns ein. Wer die Unterteilung in *Hasanat* und *Sayi'ah* auf alle Lebensbereiche ausdehnt, vergisst leicht, den Moment zu würdigen. Er unterwirft sich einer Art moralischer Buchführung oder religiöser Arithmetik.

Du denkst vielleicht, das sei doch gut und ehrenvoll – und das ist es auch –, aber du darfst nicht vergessen, über alles im Leben Rechenschaft abzulegen bedeutet, seine Taten aufzurechnen. Dabei ist es im Leben sehr viel wichtiger, was wir tun, als wie viel wir tun. Sei also kein moralischer Pfennigfuchser, sondern konzentriere dich auf ein insgesamt moralisch wertvolles Handeln. Denn egal wie viel *Hasanat* du auch ansammelst, es wird mit einem Leben voller Großmut und selbstloser Nächstenliebe nicht konkurrieren können. Anstatt *Hasanat* zu zählen, solltest du ganz freimütig Gutes tun. Das Punktesystem kann nur ein Rahmen, ein Anfang sein. Denn ist ein Mensch nicht erst dann wirklich gut und großzügig, wenn er die Punkte, die er für die eine oder andere Tat erhält, nicht mehr zählt? Gelingt es dir, dich von deiner persönlichen moralischen Buchführung zu lösen, hebt dich das im Islam auf eine noch höhere ethische Stufe.

Stell dir das Punktesystem rund um *Hasanat* und *Sayi'ah* einfach als Rahmen für prinzipientreue und selbstlose Taten vor. Punkte passen gut zu der Idee, moralisches Verhalten über Kontrollfragen zu definieren: Ist etwas *halāl* oder *harām*? Erlaubt der Islam das oder verbietet er es?

Ein ausgeglichener, prinzipientreuer Mensch – wie ich gerne möchte, dass du einer wirst – muss diese Fragen nicht mehr stellen. Ihm sind die Vorgaben für moralisches Verhalten nämlich in Fleisch und Blut übergegangen. Bist du erst so weit, wirst du wissen, auf welch elegante und unbeirrbare Weise die Prinzipien Allahs auch in den neuen, vielfältigen Lebensbereichen greifen, von denen man im Arabien des 7. Jahrhunderts noch keine Vorstellung hatte. Ich bin überzeugt, wenn du mit deinem Wissen und Verhalten erst einmal an diesem Punkt angelangt bist, wirst du dich sehr viel mehr als ganzer Mensch fühlen und auch einer sein. Deine Werte werden besser aufeinander abgestimmt sein und sich nicht mehr nur in deiner täglichen Buchführung niederschlagen, sondern vor allem in deinem täglichen Handeln.

Der Koran und das Streben nach Wissen

Habibi Saif,

du weißt, wie sehr ich unsere Bibliothek zu Hause liebe. Dort bin ich mit mir und der Welt im Reinen. Aber nicht nur ich, die ganze Familie mag diesen Raum.

Wann immer Gäste oder Freunde ins Haus kommen, führe ich sie in die Bibliothek. Warum, weiß ich selbst nicht so genau. Es ist ein sehr privater Ort, eine Art Fenster zu meinem Verstand. Wirfst du einen Blick auf die Bücher in den Regalen und die Stapel auf den Tischen, ahnst du, womit ich mich gerne beschäftige. Sie legen die Themen offen, die mir am Herzen liegen, und in gewisser Weise entblöße ich mich dadurch. Du weißt, ich habe dort alle Arten von Büchern, vom Talmud auf Hebräisch und Arabisch über den Koran in vielen verschiedenen Sprachen bis hin zu den Werken westlicher Philosophen und Lehrbüchern für höhere Mathematik, die ich mir in der Hoffnung zugelegt habe, all diese wunderbaren Formeln, die sich zu mathematischen Kenntnissen zusammenfügen, eines Tages besser zu verstehen.

Überall auf der Welt waren Bibliotheken schon immer wichtige Institutionen. Die Bibliothek von Alexandria war eine der berühmtesten Bibliotheken der Geschichte. Und der Schmerz über die Zerstörung unserer Bibliotheken im Zuge der Plünderung Bagdads durch die Mongolen im 13. Jahrhundert wirkt in der muslimischen Welt noch heute nach. In schrecklichen Berichten können wir lesen, wie unser gesammeltes Wissen damals in den Tigris gekippt wurde und sich das Wasser schwarz färbte von der Tinte der Manuskripte und Bücher, die in jenen finsteren Tagen zerstört wurden.

Eine öffentliche Bibliothek galt schon immer als ein gemeinschaftliches Gut, aus dem eine Gesellschaft großen Nutzen zieht. Heute gibt es in vielen Ländern spezielle Programme zur Errichtung und zum Erhalt öffentlicher Bibliotheken. Jedes Mal, wenn ich New York besuche, stehe ich aufs Neue voller Neid und Stolz vor dem großartigen Gebäude, in dem sich die *New York Public Library* befindet. Beim Betreten dieses wunderschönen Bauwerks versetzt dich seine Pracht sofort in Erstaunen, und du fragst dich, wie ein Volk so viel in die Unterbringung von Büchern investieren kann.

Sicher erinnerst du dich, wie oft ich schon davon gesprochen habe, dass wir hier in der arabischen Welt mehr Bibliotheken brauchen. Und tatsächlich bewegt sich inzwischen etwas. Immer mehr Menschen sind derselben Überzeugung.

Private Bibliotheken sind ein wahrer Luxus – oder zumindest meine Bibliothek ist ein Luxus. Und sie ist ein Privileg. Ich weiß, dass alle Informationen dieser Welt heute auch im Internet zu finden sind. Viele Leute bringen das als Argument gegen echte Bibliotheken und Bücher vor, und dennoch gibt es da ein kleines Problem. Selbst wenn viele Bücher heute in einem digitalen Format vorliegen und in die Digitalisierung von Büchern immer mehr investiert wird, gibt es noch unzählige Werke, die nicht digitalisiert sind – oder wenn sie es sind, nur gegen horrende Summen zugänglich sind. Die sogenannten E-Books haben das Verlagswesen im Sturm erobert und die Welt des Wissens und der Literatur einer größeren Leserschaft zugänglich gemacht. Das heißt aber nicht, dass sie das gedruckte Buch vollständig ersetzen werden.

Ein echtes Buch, das man fühlen, riechen und mit Notizen vollkritzeln kann, hat noch immer einen besonderen Wert. Denn ein Buch, mit dem du genügend Zeit verbringst, kann zu einer physisch-intellektuellen Erweiterung deiner selbst werden.

Es gibt kaum etwas, das ich lieber mag, als in meinen Büchern Spuren aus Tinte zu hinterlassen. Ich liebe es, die Ränder vollzukritzeln und mir die Notizen im Laufe der Jahre immer wieder anzusehen. Am Schreibstil erkenne ich, ob ich aufgewühlt war oder müde, wütend oder ruhig. Diese Notizen sind wichtige Mitteilungen an mein Gedächtnis, dank deren ich die entsprechende Seite wieder in einen Kontext mit meinen Gefühlen und Gedanken bringen kann.

Gäste unserer Hausbibliothek fragen mich immer wieder, ob ich all die Bücher tatsächlich gelesen habe. Die Frage war mir immer unangenehm, weil ich dachte, sie positiv beantworten zu müssen: Ja, ich habe jedes einzelne Buch in diesem Raum gelesen. Aber das wird nie der Fall sein. Es sind einfach viel zu viele. Dennoch liebe ich es, wenn mir mitten in der Nacht eine Frage durch den Kopf geht, einfach hinunter in unsere Bibliothek gehen zu können und dort eine ganze Reihe von Büchern vorzufinden, die sich mit dem Thema entweder aus diversen historischen Blickwinkeln befassen oder mir eine philosophische Abhandlung zu den zentralen Problemen liefern. Wie das möglich ist? Nun, ich kaufe Bücher nicht aufs Geratewohl, sondern sammle sie unter dem Aspekt, dass sie sich nach und nach zu einer Art Muster des Wissens zusammenfügen. Je schwieriger ein Thema, umso spezieller das Wissen. Mein größtes Interesse ist dabei jedoch ganz allgemeiner Natur, denn mich interessiert vor allem, wie andere Kulturen die grundsätzlichen Fragen des Lebens beantworten.

Früher habe ich mich gefragt, weshalb ein Araber oder Muslim ein Buch über alte römische Geschichte lesen sollte. Ich war bass erstaunt, wenn Kommilitonen an der Universität mir erzählten, sie würden drei oder vier Jahre ihres Lebens dem Studium der Antike widmen. Warum verschwendeten sie ihre Zeit? Was hatte das Ganze mit mir als Muslim zu tun? Ich wusste Besseres mit meiner Zeit anzufangen. Mich interessierten Fragen der Moral, und die wurden am besten im Koran beantwortet.

Wenn ich mich mit Geschichte beschäftigen wollte, dann nur mit der Geschichte der Araber und Muslime.

Du wirst im Internet und auch im echten Leben vielen Muslimen begegnen, die dich in einer solchen Einstellung bestärken. Wir, die Muslime, so sagen sie, sind ein Volk des Buches, genauso wie die Juden und Christen. Aber ich bin mir nie sicher, was das für diese Leute aus muslimischer Sicht eigentlich konkret bedeutet. Heißt es, wir erkennen das Alte und das Neue Testament an? Sollen wir sie lesen? Daraus lernen? Die Antwort auf diese Frage variiert. Viele sagen, das Alte und das Neue Testament seien verändert worden und hätten somit keine Gültigkeit mehr. Deshalb hätten wir den Koran. Andere wiederum sagen, es sei schon erlaubt, diese Texte zu lesen, allerdings nur für Gelehrte.

Worauf ich hinauswill, ist, dass man dir immer wieder sagen wird, der Koran sei das einzige Buch, das du im Leben lesen musst.

Versteh mich nicht falsch. Der Koran ist ein besonderes Buch. Er ist *unser* besonderes Buch. Er wird von uns und unseren muslimischen Brüdern und Schwestern als das Wort Allahs verehrt, so wie es uns vom Propheten Mohammed überliefert wurde. Wir alle kennen die Geschichte, wie dem Propheten die ersten Worte des Koran in einer dunklen Höhle, in der er meditieren wollte, vom Erzengel Gabriel offenbart wurden.

Und in den folgenden zwei Jahrzehnten wurde ihm auf genau dieselbe Weise nach und nach der gesamte Koran offenbart. Den ersten Muslimen verkündete der Prophet den Koran als mündlichen Vortrag, diese lernten ihn dann ihrerseits auswendig, und von da an wurde er, wie in einigen anderen meiner Briefe schon erwähnt, in schriftlicher Form unverändert weitergegeben. Das ist ebenso erstaunlich wie bewundernswert. Wir alle sind stolz darauf, das Wort Allahs unverändert bewahrt zu haben.

Die Verse des Koran sind ein Schatz an Weisheit und wertvoller Erkenntnis. Liest du den Koran und denkst über seine Worte nach, wirst du allerdings feststellen, dass dort vieles steht, was du – wenn du ehrlich bist – nicht verstehst oder das dich verwirrt. Aber du wirst nicht der erste Muslim sein, dem es so ergeht.

Tatsächlich hatten auch die frühen Muslime schon ihre Schwierigkeiten. Aber sie waren dem Propheten und der Offenbarung zeitlich näher und unerschrockener, als wir es heute sind. So zogen sie los und trugen im Gespräch mit ihren Mitmenschen Wörter und deren jeweilige Bedeutungen zusammen. Auf diese Weise entstanden die ersten Wörterbücher der arabischen Sprache. Es herrschte ein Bewusstsein dafür, dass Wörter verschiedene Bedeutungen haben können, die es aufzuzeichnen galt. Dann begann man den Koran auch unter diesem Gesichtspunkt zu betrachten. Es wurden die ersten Kommentare geschrieben, die weniger gebildeten Menschen erklärten, was bestimmte Wörter bedeuteten oder worauf sie sich bezogen. Daran anschließend wurden Interpretationen zu Aspekten des Koran verfasst, die vielleicht nicht gleich auf den ersten Blick klar waren oder nicht ganz so wörtlich zu verstehen waren, wie anfangs gedacht.

Diese Periode des Islam war intellektuell ausgesprochen ergiebig. Man suchte auf die unterschiedlichsten Weisen nach Bedeutung, und die Menschen fingen an, auch Fragen zu Themen zu stellen, die der Koran nicht beantwortet. Gemessen an modernen Standards ist der Koran ein recht dünnes Buch. Er deckt zwar viele Lebensbereiche ab, lässt zwangsläufig aber auch viele unberührt.

Die ersten Islamgelehrten trugen also die Erinnerungen der Gefährten des Propheten aus seiner frühesten Zeit zusammen. Heute kennen wir diese Erinnerungen als Aussprüche des Propheten. Ihre Zahl geht in die Tausende, und sie beschäftigen sich mit vielen Aspekten des menschlichen Lebens. Du wirst in dieser Sammlung Aussprüche finden, die dir sagen, wie du richtig betest oder dich auf das Gebet vorbereitest. Andere Aussprüche befassen sich mit Dingen wie Güte und Großmut. Und wieder andere werden dich einfach nur irritieren, bis dir eines Tages die richtige Erklärung oder Auslegung dazu begegnet.

Du siehst, auch wenn der Koran das heilige Buch des

Islam ist, braucht es zu seiner Deutung andere Bücher. Und diese Bücher brauchen wieder andere Bücher, die sie in einen Kontext stellen.

Das ist das entscheidende Gegenargument, wenn man dir sagt, du solltest nichts anderes als den Koran lesen, da er alles nötige Wissen schon enthält. Der Koran enthält die wichtigste Botschaft Allahs. Das ist richtig. Aber der Prophet selbst hat uns bekanntermaßen auch dazu aufgefordert, nach Wissen zu streben, selbst wenn wir dafür bis nach China reisen müssten.

Der China-Ausspruch ist einer dieser ungemein eindringlichen Aussprüche, weil er eine zentrale Aussage macht, die unser Leben als Muslime bestimmen sollte. Der Prophet sagt uns damit nicht, nach welch einer Art von Wissen wir streben sollen. Er bestimmt nicht im Voraus, wonach wir suchen müssen, sondern spricht lediglich vom Streben nach Wissen an sich.

Diese Aussage des Propheten ist auch deshalb wichtig, weil sie uns nicht dazu auffordert, Kriege zu führen, sondern zu reisen und uns das Wissen anderer Kulturen anzueignen – Kulturen, die mit unserer Art zu leben nichts gemein haben. Es ist eine Einladung, unter Menschen zu gehen und uns ihnen zu öffnen. Das steht in starkem Kontrast zu dem, was viele Muslime heute fordern. Viele beharren darauf, dass wir uns strikt an die frühen islamischen Quellen zu halten haben. Man sagt uns, wir müssten uns darauf konzentrieren, dass unsere Überzeugungen unverfälscht bleiben, und dürften uns nicht um den inhaltlichen Wert von Ideen kümmern, die von überall her zu uns durchdringen.

Wissen ist jedoch ein menschliches Allgemeingut. Das werden wir – wenn wir ehrlich sind – in unserem Streben nach Wissen schnell feststellen. Und jene, die wahrhaftig nach Wissen streben, werden dieses nicht nur in der religiösen Literatur des Islam finden, sondern auch in westlichen Geschichtsbüchern, philosophischen Texten jeglicher Couleur und den heiligen Schriften anderer Religionen. Wir müssen und werden nach Erkenntnissen suchen, die es uns ermöglichen, intensiver über uns selbst als Muslime und Menschen zu reflektieren. Eine solche Herangehensweise ist meiner Ansicht nach zutiefst islamisch, und ich würde mir wünschen, dass du sie dir zu eigen machst.

Auch wenn man es mit Blick auf den heutigen Islam kaum glauben mag, das Streben nach Wissen liegt in der Natur unserer Religion. Die ersten Anhänger des Propheten gierten geradezu nach neuen Erkenntnissen über den Islam und verwandten viel Zeit und Energie darauf, Wissen zusammenzutragen, zu überprüfen und aufzuarbeiten. Das instinktive Bedürfnis nach mehr Wissen hat im modernen Islam jedoch einen empfindlichen Dämpfer erhalten. Während die islamische Gemeinschaft einst Wissen, Wohlstand und Macht repräsentierte, können heute fast 70 Prozent unserer muslimischen Brüder und Schwestern weder lesen noch schreiben. Damit stehen wir, die wir lesen und schreiben können, in der Pflicht. Es ist unsere Aufgabe, so viel zu lernen, wie wir können, um unser Wissen dann an möglichst viele weiterzugeben. Wir würdigen damit das Andenken des Propheten und der ersten Muslime, die sich damals so entschlossen auf die Suche nach neuen Erkenntnissen begeben haben.

Es gibt in der muslimischen Welt Regionen, in denen Mädchen der Zugang zu Bildung verweigert oder erschwert wird. Das wird oft religiös begründet: Mädchen sollten das Haus hüten. Sie müssen nicht lesen und schreiben können, da sich später ihre Ehemänner um sie kümmern würden. Mädchen sollten im Haus bleiben, weil Fremde ihnen etwas antun könnten. Mädchen und Frauen könnten nicht zusammen mit Jungen und Männern lernen oder studieren, weil das ein unmoralisches Verhalten begünstige. Argumente wie diese haben ihren Ursprung in traditionellen, rückständigen Gesellschaften, die mit den grundlegenden Prinzipien des Islam allerdings nur wenig bis gar nichts zu tun haben. Mehr als alles andere spiegeln sie eine männlich orientierte Welt. Mir ist sogar schon das ernst gemeinte Argument zu Ohren gekommen, gebildete Frauen würden Männern ihre wohlverdiente Arbeit wegnehmen – eine bemerkenswerte Haltung. Um das Ganze ein wenig zu relativieren, muss allerdings erwähnt werden, dass Bildung in manchen Gegenden ganz allgemein nicht gern gesehen ist. Denn eine gebildete Bevölkerung, egal ob Mann oder Frau, stellt immer eine Bedrohung für traditionelle Macht- und Besitzverhältnisse dar. Bildung steht ganz klar in einem engen Zusammenhang mit der Angst vor einer willensstarken und kompetenten Bevölkerung – männlich wie weiblich. Im 21. Jahrhundert ist eine solche Haltung allerdings nicht nur unklug, sondern schlichtweg inakzeptabel.

Die Frage, ob wir ein Volk des Buches oder ein Volk vieler Bücher sind, ist hiermit wohl beantwortet. Wir sind ein Volk der Bücher, des Wissens und der Weisheit. Aber diesen Titel muss sich jede Generation von Muslimen neu verdienen. Wir können uns nicht auf den Lorbeeren früherer Generationen ausruhen. Jede Generation muss nach neuem Wissen streben und ihren Horizont unablässig erweitern.

Wie wir uns selbst und unsere Vergangenheit erschaffen

Habibi Saif,

Jahr für Jahr streitest du mit deiner Mutter und mir über deine Ausbildung, deine Schule und viele andere Dinge, die du glaubst, ohne unseren Rat oder unsere Erlaubnis entscheiden zu können. Wie jedes kluge Kind stellst du die Entscheidungen, die wir zu deinem Wohl treffen, in Frage und denkst oft, selbst entscheiden zu können.

Doch langsam begreifst du auch, dass all unsere Entscheidungen unmittelbar damit zu tun haben, wie wir dich für die Welt da draußen gerüstet sehen wollen, wenn du uns dann endlich los bist. Ich schreibe das mit einem Lächeln, denn du kannst mir glauben, wir möchten tatsächlich, dass du frei und selbständig bist.

Wir möchten, dass du eine breitgefächerte Bildung genießt. Wir möchten, dass du die Welt, die dich umgibt, aber auch das Geschehen in der großen weiten Welt da draußen bewusst und wachsam wahrnimmst. Wir möchten, dass du in der Lage bist, dich schwierigen Entscheidungen, Situationen und Herausforderungen selbstbewusst zu stellen, und einen Plan an der Hand hast, wie du sie meistern kannst.

Und wie glaubst du, können wir das erreichen? Nun, ein Kind wie wildes Unkraut aufwachsen zu lassen, ist sicher nicht der richtige Weg. Wir sehen in dir einen Jungen mit vielen Möglichkeiten und arbeiten gemeinsam mit deiner Schule daran, aus dir einen jungen Mann zu machen, der sein Potenzial zur gegebenen Zeit erkennt.

Sicher ist es für dich interessant zu erfahren, Saif, was für eine Erziehung ich für dich und deinen Bruder Abdullah im Sinn habe und warum. Im Wesentlichen ist alles darauf zurückzuführen, dass mein Vater in meiner Erziehung gefehlt hat. Als ich noch jünger war als du jetzt, habe ich viele wunderbare Dinge über meinen Vater gehört. Du erinnerst dich, dass er starb, als ich sechs war. Jahrelang hat man meinen Geschwistern und mir Anekdoten und Geschichten über ihn erzählt. Mein Vater ging schon mit zwölf Jahren von zu Hause weg und kam auf seiner Suche nach einer guten Ausbildung weit herum. In den vierziger Jahren gab es in dem Teil der arabischen Welt, aus dem wir stammen, noch keine öffentlichen Schulen. Damals war der einzig zugängliche Ort für Bildung die Koranschule, in der sich die Kinder der Stadt trafen, um den Koran auswendig zu lernen. Die Klassen wurden von Schülern jeden Alters besucht. Unterricht in Mathematik, Literatur oder irgendeinem anderen der Schulfächer, die heute selbstverständlich sind, gab es nicht.

Mein Vater prägte sich den Koran ein und begann im Alter von zwölf Jahren, freitags gelegentlich die Predigt in der Moschee zu halten. Die Frau, bei der er aufwuchs, war zu der Zeit, als ich sie kennenlernen durfte, schon sehr alt. Sie erzählte mir, er sei ein sehr frühreifes Kind gewesen, das all seine freie Zeit damit verbracht habe, sich mit Erwachsenen zu unterhalten und aus ihren Erzählungen zu lernen.

Als Waisenkind stand es meinem Vater als Teenager frei, sich den Wunsch nach einer richtigen Schulbildung zu erfüllen. Er ging in das Nachbarland Bahrain und durchlief das dortige Bildungssystem in Höchstgeschwindigkeit. Bis zu seinem Abschluss war er jedes Jahr Klassenbester.

Mein Vater konnte schon als Kind selbst entscheiden, was er mit seinem Leben anfangen wollte, und er entschied sich für eine gute Ausbildung. Oder um es mit einem islamischen Spruch auszudrücken: «Er strebte nach Wissen, und wenn er dafür bis nach China reisen musste.»

Warum ich dir das erzähle, Saif? Aus zweierlei Gründen. Erstens, weil ich möchte, dass du Folgendes verstehst: Selbst ein Mensch ohne Familie und Einkommen kann kraft seines Willens und Einfallsreichtums seinen eigenen Weg gehen. Und damit meine ich einen ehrenvollen und würdigen Weg. Dein Großvater hat das getan, und er brauchte dazu nichts als seinen Verstand.

Und zweitens, weil ich mich beim Nachsinnen über sein kurzes Lebens stets gefragt habe, wie er mich und meine Geschwister wohl erzogen hätte. Egal, wie viel mir deine

Großmutter oder seine Bekannten auch über ihn erzählten, allein dadurch, dass ich ihn selbst nie gekannt hatte, klaffte immer ein riesiges schwarzes Loch. Ich konnte mir aus den fehlerhaften und manchmal widersprüchlichen Erinnerungen anderer nur ein bruchstückhaftes Bild von ihm machen.

Und dann eines Tages dämmerte mir etwas. Jedes Mal, wenn ich mich fragte, was mein Vater wohl gesagt oder getan hätte, beantwortete ich mir die Frage so, wie ich selbst es für am besten hielt. Basierend auf einer Reihe von Geschichten, die man mir über ihn erzählt hatte, konnte ich mir ausmalen, was mein Vater wohl getan hätte. Ich konnte entscheiden, welche Art Leben er gelebt hätte.

Diese Erkenntnis kam gewiss nicht über Nacht. Es dauerte Jahre, bis ich akzeptierte, dass es viele Dinge gab, die ich über deinen Großvater nicht wissen konnte und auch nie wissen würde. Die Einsicht, dass ein Mensch nur noch in den verblassenden Erinnerungen derer lebt, die ihn einst gekannt haben, war schmerzhaft. Im Laufe der Jahre begannen dann seine Freunde, die mir etwas von ihm hätten erzählen können, einer nach dem anderen das Zeitliche zu segnen. Und mit jedem Todesfall erloschen auch wieder Erinnerungen an meinen Vater. Doch dann wurde mir eines Tages klar, dass ich mir in Wahrheit längst mein eigenes Bild von meinem Vater machte, nach meinen eigenen Wünschen und Vorstellungen. Und wie jeder gute Sohn wollte ich, dass er der beste Vater und Mensch der Welt war.

Das bringt diesen Brief in Zusammenhang mit meinem

Brief über Vorbilder. Wir wählen unsere Vorbilder selbst. Wir entscheiden, wem wir nacheifern wollen und wie wir das tun. Wir stellen uns unsere Vorbilder vor, deuten sie, machen uns ein Bild von ihnen, lassen sie lebendig werden. Ich möchte, dass du deiner Vorstellungskraft freien Lauf lässt und dich selbst sowie deine Welt nach den besten und höchsten Standards gestaltest.

Ich hatte mit dem bruchstückhaften Bild meines Vaters, das sich aus dem zusammensetzte, was ich von anderen wusste, und dem, was ich selbst in ihn hineinprojizierte, jahrelang zu kämpfen. Genau genommen hatte und habe ich gar kein unmittelbares, reales Bild von ihm, sondern nur die Vorstellung, wie er hätte sein können, sein sollen oder vielleicht gewesen wäre, hätte er länger gelebt.

Ich glaube, als mir das klar wurde, dachte ich nicht mehr nur darüber nach, wie ich die historischen Fakten des Lebens meines Vaters zu einem stimmigen, möglichst wahrheitsgetreuen Bild zusammensetzen konnte, sondern realisierte auch, dass ich auf diese Weise selbst ein Vorbild ins Leben rief, dem ich folgen wollte. Indem ich mir meinen Vater erschuf, erschuf ich mich selbst. Während ich mir das Leben und Verhalten meines Vaters ausmalte, entschied ich mich gleichzeitig, welch einem Vorbild ich folgen wollte. Ich kann mich noch gut an den Prozess erinnern, in dem ich mir mit Hilfe meiner Phantasie aus ein paar fadenscheinigen Fakten eine Vaterfigur zusammenbastelte.

Aber was hat das alles mit einigen der Ideen zu tun,

die dir begegnen werden, wenn du dich mit unserem islamischen Glauben und der wichtigen Aufgabe auseinandersetzt, uns selbst in islamischen Fragen zu bilden?

Saif, mein Versuch, die Person und das Verhalten meines Vaters zu begreifen, ähnelt in vielerlei Hinsicht dem Bemühen, zu verstehen, was vor 1400 Jahren in den Städten Medina und Mekka geschehen ist.

Wenn es mir mit dem geringen Abstand von nur ein paar Jahren schon unmöglich war, ein realistisches und zuverlässiges Bild meines Vaters in all seiner sozialen und moralischen Komplexität zu rekonstruieren, Saif, wie schwer muss es da erst sein, dasselbe für den Propheten und seine Gefährten zu tun? Natürlich sind die Überlieferungen, die überdauert haben, sehr umfangreich. Aber du darfst nicht übersehen, dass unsere Empathie und Vorstellungskraft womöglich stärker und entscheidender sind als die widersprüchlichen Fakten, die wir zusammengetragen haben. Denn die Fakten sind so, wie sie uns überliefert wurden, lediglich Deutungen von Menschen, die den Propheten beobachtet haben. Menschen werden beim Beobachten stets von persönlichen Interessen und Neigungen geleitet. Das ist bei jedem so, und das dürfen wir nicht vergessen. Die einen messen dem individuellen Auftreten eines Menschen die größte Bedeutung bei, andere seinem Sinn für Humor, und wieder andere halten vor allem seine philosophisch brillanten Momente für wert, erinnert und aufgezeichnet zu werden. Sehen wir uns also die Fakten zum Leben des

Propheten an, müssen wir stets bedenken, von welchem Interesse oder auch Mangel an Interesse diese geprägt sind.

Das heißt, wir haben zwar ein klares, aber zwangsläufig unvollständiges Bild. Zwangsläufig unvollständig, weil viele Dinge fehlen, die man mit einer Kamera – hätte es die damals schon gegeben – hätte einfangen können. Zwangsläufig unvollständig auch deshalb, weil die Geschichten und Aussprüche erst nach dem Tod des Propheten zusammengetragen wurden.

Wollen wir dem Geist des Propheten wirklich treu sein, müssen wir uns eingestehen, dass es einer jahrelangen Beschäftigung mit den Versen, Geschichten und Überlieferungen bedarf, um sich auch nur ansatzweise vorstellen zu können, was zur Zeit der Offenbarung des Koran tatsächlich geschehen ist.

Saif, ich möchte, dass du dich damit auseinandersetzt, auf was sich unser Selbstverständnis als Individuum in der modernen islamischen Welt gründet. Nimm meine Erfahrungen und überlege dir, wie deiner Ansicht nach ein Bildungssystem für dich und andere Muslime aussehen sollte. Mein persönlicher, Jahre andauernder Identitätsfindungsprozess hat meine Haltung zum muslimischen Individualismus, die ich dir in meinem letzten Brief erklären werde, entscheidend geprägt. Und dir und deiner Generation sollten wir die Praxis einer solchen Identitätsfindung vermitteln. Selbstreflexion dient nicht nur dazu, die eigene Person besser zu verstehen, sondern auch die persönliche

Relevanz. Individuelle Identitätsfindung beginnt damit, sich selbst zu betrachten und zu unterscheiden, welche Eigenschaften der Familie oder den Erwartungen der sozialen Umwelt zuzuschreiben sind und welche dem ganz persönlichen und besonderen eigenen Naturell entsprechen.

Denk daran, dass mir irgendwann aufgefallen ist, was ich in Wirklichkeit all die Jahre getan hatte – nämlich mir vorgestellt, was für ein Mann mein Vater war, um diesem aus der Luft gegriffenen, virtuellen Bild bestmöglich nachzueifern. Er war ein belesener Mensch. Das wollte ich auch sein. Er war integer, anständig und geistreich. Auch das wollte ich sein. Er war freundlich, großzügig und zeigte Mitgefühl mit den weniger Privilegierten. Auch hierin strebte ich ihm nach. Aber war mein Vater wirklich so? Heute bin ich mir da nicht mehr sicher. Die Beschreibungen jener, die ihn kannten, sind unglücklicherweise so unrealistisch, dass ich inzwischen weiß, dass ich es mit einer Phantasiegestalt zu tun habe.

Mir ist inzwischen vollkommen klar, dass ich über viele Jahre nur eine Idee von meinem Vater zusammengesetzt habe – als Araber, als Muslim und als Mensch. Anhand von ein paar Fakten und mit sehr viel Phantasie habe ich mir ausgemalt, wie er mich und meine Geschwister erzogen hätte. Sicher ist dabei aber nur eines: Durch meine persönliche Mission, mir ein Bild von ihm zu machen, habe ich nicht nur gelernt, meinen Vater als einen ganz besonderen Menschen zu schätzen, sondern auch begriffen, dass jeder von uns dieser Welt etwas ganz Eigenes zu bieten hat. Durch meine Entschlossenheit, die Lücken zu schließen, die mein Vater hinterlassen hat, sind mir die vielen Möglichkeiten, die sich jedem Einzelnen von uns bieten, erst so richtig bewusst geworden.

Während ich überlegte, wer mein Vater gewesen war und zu was für einem Menschen er sich wohl entwickelt hätte, fing ich auch an, anders darüber nachzudenken, was es bedeutet, ein Muslim zu sein – und nicht nur irgendein Muslim. Mich interessierte, was nötig war, um der beste aller Muslime zu sein. Ich wollte wissen, was ich lesen musste, um mich auf die besten Werke unserer Literatur berufen zu können. Ich wollte wissen, wo die Besten von uns zusammenkamen und wie sie sich definierten. Dabei erkannte ich eines jedoch ziemlich schnell: Auch wenn das, was ich suchte, vielleicht tatsächlich irgendwo existierte, gab es weder klar formulierte Ziele noch eindeutige Standards, an denen ich mich hätte orientieren können. Falls es überhaupt irgendwelche klaren Leitfiguren gab, dann nur im Umfeld der Moscheen. Allerdings musste ich leider feststellen, dass sie sich alle durch einen Mangel an geradlinigen Überzeugungen, Charakterstärke und Komplexität auszeichneten. Ich begann zu verzweifeln, lehnte mich auf, lief davon und kehrte doch immer wieder zurück.

Ich möchte, dass du am Ende dieses Briefs eines verstanden hast: Bildung bedeutet mehr als Fakten lernen und Prüfungen bestehen. Eine Bildung, wie ich sie mir für dich wünsche, erlaubt dir, zu einem komplexen und in sich stimmigen Individuum heranzuwachsen. Du sollst begreifen, wie wichtig eine verantwortungsvolle Vorstellungskraft für deine Persönlichkeitsbildung ist. Du sollst deiner Phantasie freien Lauf lassen und stets die Millionen von Möglichkeiten in Betracht ziehen, die dir im Leben offenstehen. Ich möchte, dass du deine eigenen Entscheidungen triffst und aus freien Stücken die volle Verantwortung dafür übernimmst. Warum? Sobald wir glauben, etwas mit Sicherheit zu wissen, tun wir genau das ohnehin. Nimm deine Freiheit und deine Verantwortung offen an.

Saif, manchmal stelle ich mir vor, dass du eines Tages noch eine, vielleicht auch zwei Schwestern haben wirst. Was wäre an diesem Brief anders, wäre er an deine Schwestern gerichtet? Würde ich mir von ihnen und für sie etwas anderes erhoffen? In «traditionelleren» muslimischen Familien werden Mädchen oft anders behandelt als Jungen. Ist das angemessen oder gar notwendig? Ist es tatsächlich im Sinne des Islam, unsere muslimischen Mädchen von der Schule fernzuhalten und ihnen das Recht auf Bildung abzusprechen?

Um diese Fragen zu beantworten, kann ich mich nicht einfach auf die traditionellen Texte und strengen Auslegungen des Islam berufen. Ich muss auf persönliche Erfahrungen zurückgreifen, denn trockene Regeln aus staubigen Büchern taugen nur dann etwas, wenn sie auch im Lichte der Erfahrungen des realen Lebens sinnvoll sind.

Meine Mutter hat uns Kinder ohne Vater großgezogen. Diese Erfahrung bildet den Hintergrund, vor dem du meine Antwort auf diese Fragen sehen musst. Meine Mutter lebte, mein Vater nicht. Das war ein unglücklicher Umstand, doch in der muslimischen Welt gibt es Millionen von Familien, in denen der Vater fehlt, sei es aufgrund seiner Arbeit, infolge eines Krieges oder weil er tot ist. Entsprechend ziehen sehr viele Mütter ihre Kinder ohne Ehemann groß.

Darüber hinaus darf man nicht vergessen, dass meine Schwester die Älteste von uns Geschwistern war und – wenn man so will – die Anführerin von uns Kindern. Und was für eine! Ihr entging nichts. Sie war scharfzüngig, bestimmend und bei weitem die Intelligenteste von uns allen. Sie war so klug, dass sie einzelne Klassen übersprang. Sie hatte alles im Griff und wusste, was sie vom Leben wollte.

Angesichts der Entschlossenheit meiner Mutter und der überdurchschnittlichen Intelligenz meiner Schwester kann ich nur lachen, wenn mir jemand weismachen will, Mädchen sollten keine Schulbildung erhalten. Jeder Einzelne von uns hat ein Recht auf Bildung. Und ich glaube, jeder Einzelne von uns hat auch das Recht, nach der bestmöglichen Bildung überhaupt zu streben. Warum sollten wir unseren Kindern großartige Mütter und brillante Schwestern vorenthalten? Frauen sind eigenständige Menschen, fähig zu denken, zu handeln und zu leben. Gibt man ihnen eine Chance, überflügeln muslimische Frauen, was ihre Fähigkeiten und ihr Bildungsniveau angeht, die muslimischen Männer sogar mühelos. Wir als muslimische Männer haben nicht das Recht, uns ihnen in den Weg zu stellen.

Männer und Frauen

Habibi Saif,

du bist in einer Familie starker, gebildeter, zielstrebiger und hart arbeitender Frauen aufgewachsen. Alle deine Tanten haben eine umfangreiche Bildung genossen und entweder einen hervorragenden Job oder ihr eigenes Geschäft. Sie fahren mit dem Auto zur Arbeit und wieder nach Hause, ohne dass sie Rechenschaft darüber ablegen müssten, wohin sie gehen.

Deine Mutter – du kennst sie nur allzu gut – ist eine gebildete, hart arbeitende, entschlossene Frau mit großen Ambitionen für sich selbst und ihre Kinder. In deiner Welt gibt es keine schwachen Frauen. Jede Einzelne von ihnen kann dir und deinem Bruder als großartiges Vorbild dienen.

Sie nutzen die Talente, die ihnen Allah geschenkt hat, und setzen die Ressourcen, mit denen sie gesegnet sind, optimal ein. Was sollte daran nicht zu bewundern sein?

Zu Hause bist du umgeben von Frauen, die die Zügel in die Hand nehmen, vorwärts streben, sich verbessern wollen und in vielerlei Hinsicht ihren Beitrag zur Gesellschaft leisten. Erzählt dir jemand, Männer seien von Natur aus besser und begabter als Frauen, kratzt du dich sicher am Kopf und fragst dich, wovon er da redet.

Denn siehst du dich in unserer Welt richtig um, dann sieht es vielmehr so aus, als fielen die Männer zurück. Ich frage mich, warum das so ist.

In den traditionellen Predigten, die ich als Junge in deinem Alter gehört habe, hieß es, Frauen seien der männlichen Herrlichkeit schlicht unterlegen. Es hätte dir sehr gefallen, wie wir Männer damals beschrieben wurden: stark, intelligent, emotional stabil, die Ernährer der Familie. Frauen betrachtete man als Anhängsel, als etwas, um das man sich zwar kümmern muss, das man aber keinesfalls ernst zu nehmen braucht. Vielleicht übertreibe ich ein wenig, aber in Teilen der islamischen Welt existiert diese Einstellung gegenüber Frauen tatsächlich. Das ist zwar nicht das einzige Frauenbild im Islam, aber es ist weit verbreitet und in vielen Fällen politisch, gesetzlich und wirtschaftlich gewollt.

In den Fällen, in denen eine solche Haltung gesetzliche, finanzielle und politische Unterstützung genießt, wird die Darstellung der Frau als passives Objekt, das versorgt und vor den Feindseligkeiten der Welt beschützt werden muss, zur selbsterfüllenden Prophezeiung. Das erscheint nur logisch. Wer einer Person, egal ob männlich oder weiblich, die Möglichkeit nimmt, zu lernen, sich frei zu bewegen, Würde zu entwickeln und Verantwortung zu übernehmen, hat unweigerlich die Heranbildung eines schwachen Menschen zu verantworten.

Du musst dir nur ein paar der wohlhabenden Leute ansehen, denen wir beide schon begegnet sind. Manche von ihnen sind nicht mehr in der Lage, die einfachsten Dinge im Leben zu tun. Menschen, die nicht wenigstens ein Mindestmaß an Härte aushalten müssen, werden weich und schwach. Ein Mensch, der jeden Wunsch erfüllt bekommt, muss nie herausfinden, wie man etwas selbst in die Hand nimmt. Gebe ich dir immer, was du willst, wird aus dir ein verzogener und verwöhnter junger Mann. Darüber herrscht absolute Einigkeit. Warum sehen wir dann nicht, dass wir den Frauen mit der Möglichkeit, selbst für sich zu sorgen, auch ihre Würde und Selbstachtung nehmen? Gestattet man Frauen nicht nur zu arbeiten, sondern unterstützt sie sogar dabei, profitieren alle davon – nicht nur wirtschaftlich, sondern auch sozial. Dieser Tatsache wird man sich in immer mehr muslimischen Ländern zunehmend bewusst. Wirtschaftliche Entwicklung und Konkurrenzfähigkeit erfordern eine Beteiligung aller. Und wer wäre hierfür ein besseres Beispiel als Chadīdscha, die erste Frau des Propheten, eine unabhängige Geschäftsfrau, für die er sogar gearbeitet hat?

Vielleicht ist das, was wir bei uns zu Hause erleben, die Manifestation einer Lebensweisheit: Ein Mensch, der davon ausgeht, dass ihm grundlegende Voraussetzungen zur Selbstverwirklichung wie Bildung und Mobilität verwehrt bleiben, wird die erste sich ihm bietende Gelegenheit nutzen, um im Leben weiterzukommen, und zwar mit einer Zielstrebigkeit, die ein Mensch mit allen Privilegien niemals aufbringen würde. Genau aus diesem Grund, so glaube ich, sind die Frauen in unserer Gesellschaft auch so unaufhaltsam auf dem Vormarsch – in der Bildung, in der Wirtschaft und auch in der Regierung.

Ich bin stolz auf deine Mutter und deine Tanten, die alle hervorragend ausgebildet sind und in den von ihnen gewählten Berufen Spitzenpositionen bekleiden. Hat das auch nur eine von ihnen davon abgehalten, Kinder großzuziehen und sich um ihre Männer zu kümmern, wie es Muslime mit einer strengen Gesinnung verlangen? Ganz und gar nicht, im Gegenteil. Sie alle können auf die volle moralische Unterstützung ihrer Ehemänner zählen.

Wir Muslime können aus der Art, wie wir mit anderen umgehen, etwas Wichtiges lernen. Wenn ich dich mit einem Seil fessele und du dann später weder selbständig gehen noch essen kannst, wessen Schuld ist das dann – deine oder meine? Wenn ich aber dafür sorge, dass du etwas lernst, und dich stets mit Respekt und Würde behandle, zu was für einem Menschen wirst du dich dann entwickeln?

Ich denke, du weißt, worauf ich hinauswill. Wir können nicht behaupten, islamische Frauen seien nicht in der Lage, sich in der Welt zurechtzufinden, wenn wir ihnen die notwendigen grundlegenden Rechte und Fähigkeiten nicht zugestehen.

Traditionell eingestellte muslimische Männer argumentieren jedoch oft auch noch mit etwas anderem, nämlich der Moral. Ein sehr sensibler Punkt, da die Beziehung zwischen Mann und Frau in unserer Gesellschaft ein Tabuthema ist und es uns schwerfällt, offen darüber zu reden.

Ihre Argumentation läuft auf Folgendes hinaus: Mobile, unabhängige Frauen, die mit Männern zusammenarbeiten, haben die Möglichkeit, sittenwidrige romantische oder gar sexuelle Beziehungen einzugehen. Der Sittenkodex, der dieser Ansicht zugrunde liegt, zielt natürlich darauf ab, Frauen zu kontrollieren. Aber entspricht er tatsächlich dem Islam? Er stellt eine Interpretation des Islam dar, aber eben nicht die einzige.

Die Gefahr sittenwidriger Beziehungen besteht. Keine Frage. Aber sie besteht auch dann, wenn eine Frau in einer Familie lebt, in der sie wenig Respekt und Liebe erfährt. Männer, die glauben, dass ein Vogel sich nicht mehr nach der Freiheit sehnt, sobald man ihn in einen Käfig sperrt, täuschen sich gewaltig.

Man sitzt einem Hirngespinst auf, wenn man glaubt, das sehr menschliche Bedürfnis unserer muslimischen Frauen nach Liebe und Zuneigung ließe sich kontrollieren und einschränken.

In diesem Punkt will ich ganz offen mit dir sein. Wir müssen unseren Frauen vertrauen und sie respektieren. Denn erst wenn wir in der Lage sind, unseren Schwestern, Müttern, Töchtern und Tanten Vertrauen und Respekt entgegenzubringen, entwickeln wir vielleicht genügend Empathie, um auch andere Frauen in unserer Gesellschaft zu respektieren. Wäre diese grundsätzliche Achtung, die jeder Mensch verdient, etwas weiter verbreitet, würden wir vielleicht nicht immer wieder Zeugen der grässlichen sexuellen Misshandlungen in der muslimischen Welt, von denen man immer wieder hört. Wären wir tatsächlich unserem moralischen Kodex treu, der die Unantastbarkeit der Würde der Frau beinhaltet, würden wir uns nicht an völlig fremden Frauen vergreifen. Es sind die muslimischen Frauen, die uns alle voranbringen und groß machen werden – wenn wir ihnen die Chance geben.

Es ist ein Irrwitz, dass einige unserer muslimischen Brüder ihren Frauen das Recht auf Bildung versagen. Sehen sie denn nicht, dass es ihre Frauen sind, die ihre Kinder erziehen? Verstehen sie nicht, dass jede ungebildete Mutter, Frau oder Tochter ihre Unwissenheit an die nächste Generation weitergibt und die Schwierigkeiten so immer größer werden? Haben sie nicht begriffen, dass die Frauen, mit denen sich unser Prophet umgab, starke, tapfere und entschlossene Frauen waren, denen alle den größten Respekt zollten?

Saif, ich möchte, dass dir eines klar ist: Es steht nirgends in Stein gemeißelt, dass muslimische Frauen weit unter den Männern stehen. Es handelt sich vielmehr um simple Gepflogenheiten, die charakteristisch sind für patriarchalische Gesellschaften. Der Islam hat keinen Grund, Frauen zu benachteiligen. All das, was in traditionellen muslimischen Gemeinschaften dazu dient, um Frauen in ihre Schranken zu weisen, darunter der Schleier, die fehlende Mobilität oder Einschränkungen in der Bildung und Arbeitswelt, wurzelt nicht in der islamischen Doktrin, sondern in der Angst muslimischer Männer, ihre Frauen nicht kontrollieren zu können – und in der Angst, sie könnten sich als disziplinierter, zielstrebiger, fleißiger und letztlich erfolgreicher herausstellen als die Männer. Dort sehe ich das eigentliche Problem unserer muslimischen Gesellschaft: in der Angst von uns Männern, die Frauen könnten uns überholen.

Wir – du und ich sowie alle anderen Männer – müssen uns dieser Angst bewusst werden und an einer Lösung arbeiten. Wir müssen die typischen Stereotype, die wir geerbt und unbesehen übernommen haben, überwinden. All jene, die andere kraft ihrer politischen, gesetzlichen oder finanziellen Mittel kleinhalten, sind gefordert, ihre Arroganz gegenüber ihren Mitmenschen ernsthaft zu überdenken. Denn wenn Männer ihren Frauen nur das Schlechteste unterstellen, sagt das über sie und ihre Weltanschauung sehr viel mehr aus als über die Frauen.

Hier eine Frage, die dein Einfühlungsvermögen und deine Vorstellungskraft fordert. Wie würdest du dich fühlen, wenn ich dich jetzt, in deinem Alter, verheiraten und in die Welt hinausschicken würde, damit du dir eine Arbeit suchst und deinen Lebensunterhalt selbst verdienst? Sicher würdest du das ziemlich unfair finden. Du bist ja noch nicht einmal mit der Schule fertig. Welche Chancen hättest du denn, mit einer abgebrochenen Schullaufbahn einen Job zu finden, geschweige denn, einen gut bezahlten?

Ich nehme an, du hättest da gerne ein Wörtchen mitzureden. Wahrscheinlich würdest du zu deinen Großeltern rennen und dich beschweren, ich hätte den Verstand verloren.

Und nun stell dir vor, du hättest eine jüngere Schwester – sagen wir, sie wäre 13 Jahre alt. Wie würdest du reagieren, wenn ich eines Tages beschlösse, sie mit einem sehr viel älteren Mann zu verheiraten? Ich würde dir mitteilen, sie müsse die Schule nicht beenden, da ihr neuer Ehemann ihr alles gebe, was sie brauche. Er sorge für ihre Kleidung und ihr Essen. Sie müsse sich nur um den Haushalt kümmern – putzen, kochen, vielleicht das Haus einrichten – und Kinder bekommen. Ich würde dir erklären, das sei ihre Bestimmung und überdies sei sie nicht länger eine Last für mich.

Du würdest mir wahrscheinlich einen Kinnhaken verpassen und dann ebenfalls zu deinen Großeltern laufen. Denn genauso wenig, wie du als Teenager schon bereit dazu bist, zu arbeiten und eine Ehe zu führen, wäre es deine Schwester. Und wenn wir, eure Eltern, so etwas tatsächlich tun würden, hättet ihr sicher beide das Gefühl, von uns betrogen zu werden. Ihr würdet glauben, wir nähmen euch jede Chance, ein angemessenes Leben zu führen, die Chance auf eine gute Ausbildung, auf eine anständige Arbeit und auf die Gründung einer Familie zur rechten Zeit.

Du und deine Schwester, ihr würdet mich und eure Mutter dafür hassen, euch in die Welt gesetzt und dann wegschickt zu haben, lange bevor ihr bereit wart, auf eigenen Füßen zu stehen. Sowenig dir das gefallen würde, gefällt es auch all den jungen Mädchen, die verheiratet werden, lange bevor es angemessen für sie ist – und zwar mit dem Argument, der Prophet habe die sehr junge Aischa geheiratet. Aber du darfst nicht vergessen, dass die Lebensumstände im Arabien des 7. Jahrhunderts ganz andere waren. Im 21. Jahrhundert sollten wir entsetzt darüber sein, dass man einem jungen Mädchen die Chance auf ein eigenes Leben nimmt. Besitzt du nur ein wenig Einfühlungsvermögen, wird dir die Ungerechtigkeit bewusst sein, die hier im Namen deines Glaubens begangen wird.

Der moderne Islam ist eine Religion im Wandel, geprägt von zahlreichen Konflikten. Das darfst du nicht vergessen. Es gibt für muslimische Frauen auch andere Lebensmodelle, die unserem gemeinsamen Glauben gerecht werden. So haben einige muslimische Frauen sich beispielsweise eingehend mit dem Schleier befasst und dabei festgestellt, dass keine unumstößlichen islamischen Regeln zum Tragen eines Schleiers, geschweige denn einer Burka existieren. Auch viele Männer sind zu diesem Schluss gekommen. Frauen werden vom Islam zu Sittsamkeit angehalten. Das ist richtig. Der Schleier ist jedoch eine vorislamische Tradition und nur eine von zahlreichen Möglichkeiten, Sittsamkeit zum Ausdruck zu bringen. Damit wäre der Schleier Auslegungssache und die Burka schlicht und ergreifend eine Frage der Tradition und nicht der Religion.

Meinungsfreiheit und das selbstauferlegte Schweigen

Habibi Saif,

auch dir wird die weltweite Debatte um den Islam und den Wert der Meinungsfreiheit nicht entgangen sein. Sie fand ihren grausamen Höhepunkt in der Ermordung des Teams von *Charlie Hebdo* – einem französischen Satiremagazin – durch Leute, die vorgaben, Rache für die Beleidigung des Propheten zu üben. Diesem Ereignis gingen ähnliche voraus, wie beispielsweise die Veröffentlichung von Cartoons in einer dänischen Zeitung, die Islam und Muslime beleidigten. In vielen muslimischen Städten rund um den Globus kam es daraufhin zu Demonstrationen und Aufständen, bei denen die Beleidigungen verurteilt und Forderungen nach Vergeltung laut wurden. Als weitere Folge dieser und ähnlicher Vorfälle rühren einige Muslime und islamische Länder die Werbetrommel für ein Gesetz gegen Blasphemie, eine Kampagne, die sowohl in europäischen als auch in arabischen Ländern läuft. Die Beleidigung des islamischen Glaubens oder des Propheten stellt in islamischen Ländern ohne Frage ein schweres Vergehen dar.

Es gibt sogar Leute, die dafür die Todesstrafe fordern. In Pakistan wurden Politiker getötet, weil sie die Aufhebung des dort geltenden Blasphemiegesetzes verlangten, und in einigen arabischen Ländern zielt besagte Kampagne darauf ab, die existierenden Blasphemiegesetze auch auf die Beleidigung der Gefährten des Propheten auszudehnen. Da die Schiiten bekanntlich einige der Gefährten geringschätzen, könnte man ein solches Gesetz auch als gegen die schiitischen Teile der Gemeinschaft gerichtet sehen.

Was ist von alldem zu halten? Wie sollst du dich diesen weitreichenden und komplexen Frage nähern?

Ich will versuchen, das Thema einmal aus einem neuen Blickwinkel zu betrachten. Anstatt auf das Gefühl einzugehen, von anderen beleidigt und verletzt worden zu sein, will ich einen Blick darauf werfen, welchen Platz die freie Meinungsäußerung in unserem eigenen Leben hat.

Ich erinnere mich noch gut, wie mir umsichtige ältere Freunde als Kind dazu rieten, kontroverse Themen wie Religion oder Politik besser zu meiden. Einige Freunde meines Vaters hörten sich meine detaillierten Fragen zu seinem ungewöhnlichen, gewaltsamen Tod zwar an, wichen ihnen dann aber freundlich aus. Immer wieder kam es vor, dass man mich beiseite nahm und mich bat, nicht über Dinge zu sprechen, die keine Rolle mehr spielten. Oder man forderte mich gleich ganz direkt auf, keine Fragen mehr zu stellen. Ich war mir nie wirklich sicher, weshalb ich diese Fragen nicht stellen durfte, aber aufgrund meiner vorsichtigen Art und aus Respekt vor den Erwachsenen milderte ich sie etwas ab.

Dasselbe passiert, wenn ich jene, die vorgaben, uns in Religion zu unterrichten, mit meinen Fragen löcherte. Aber die Fragen purzelten nur so aus mir heraus: Woher weiß ich, dass Allah wirklich existiert? Warum müssen wir beten? Ist es nicht ein wenig merkwürdig, dass Allah uns nur deshalb erschaffen hat, damit wir ihn verehren? Ist das nicht ein wenig selbstsüchtig?

Lehrer oder wohlmeinende Erwachsene veränderten ihre Gesichtsfarbe oder lachten über die Fragen, allerdings ohne sie zu beantworten. Es waren unangebrachte Fragen. Manche hielten sie sogar für völlig inakzeptabel und gefährlich.

Heute halte ich diese Fragen selbstverständlich für die normalsten Fragen, die ein islamisches, von einer natürlichen menschlichen Neugier getriebenes Kind haben kann.

Es ist nichts Falsches an diesen Fragen. Wenn überhaupt, dann ist es falsch, sie nicht zuzulassen und dem Versuch, sie zu beantworten, keinen Raum zu geben.

Irgendwann wusste ich, über welche Themen ich nicht sprechen durfte, und im Laufe der Jahre fiel mir dann auf, dass überall dort, wo wir wichtige Themen überspielt oder mit einem wissenden Lächeln beiseitegewischt haben, Leerstellen in unserem Leben entstanden waren. Zu diesen Tabuthemen zählten Religion, Politik, Sex und Sexualität,

Fehler und Vergehen sowie alles andere, bei dem der Gesprächspartner «das Gesicht verlieren» könnte. Als ich anfing, die Zeitung zu lesen, fragte ich mich, ob ich in einem Paralleluniversum lebte. Warum gab es über uns nur gute Nachrichten zu lesen? Die reale Welt, die mich umgab, strotzte doch nur so von Fehlern, moralischen Dilemmas, politischen Katastrophen, offensichtlichen Lügen und eingebildeten Ruhmestaten. Vielleicht war nicht alles falsch, aber gewisse Punkte bedurften meiner Ansicht nach unbedingt einer kritischeren Betrachtung.

Ich begriff, dass es keine festen Regeln gab, die mir oder anderen vorschrieben, worüber ich reden durfte. Vielmehr war es zu einer Gewohnheit geworden, über bestimmte Dinge nicht zu sprechen. Eine Gewohnheit, die nicht unserer Nationalität zuzuschreiben ist, sondern der kulturellen und religiösen Maschinerie, der wir angehören und die uns in ein Raster akzeptabler Gedanken presst. Heute sehe ich dieses Raster als eine Form der Selbstzensur, deren wir uns nur unzureichend bewusst sind.

Was genau meine ich mit Selbstzensur? Und welche Folgen hat sie?

Mit Selbstzensur meine ich das grundsätzliche Gefühl, dass bestimmte Themen inakzeptabel sind und gar nicht erst angesprochen werden sollten. Selbstzensur findet man in vielen Gesellschaften, aber hier geht es mir ausschließlich um muslimische Gesellschaften und die Gemeinschaft der Muslime.

Je älter ich wurde, umso häufiger beschäftigten mich gewisse Fragen, die ich aber nicht stellte. Mir war aufgefallen, dass die Leute sie oftmals gar nicht hören wollten. Und selbst wenn sie sich meine Fragen anhörten, hatten sie oft keine Lust, darauf zu antworten, oder wussten nicht recht, was sie sagen sollten, weil sie sich noch nie die Mühe gemacht hatten, sich damit auseinanderzusetzen. So kam es, dass diese Fragen Tag und Nacht unbeantwortet und unbeachtet in meinem Hinterkopf schlummerten. Sie waren wie Embryos, die nur hätten wachsen können, wenn man sie ausgesprochen und als legitim akzeptiert hätte.

Nach langen Phasen des Schweigens, in denen ich grundlegende und auch zwanglose Diskussionen vermied – und was noch schlimmer war, auch keine eigene Meinung mehr vertrat oder Stellung zu politischen oder gesellschaftlichen Themen bezog –, merkte ich, dass ich die Themen, die mir in der Vergangenheit wichtig gewesen waren, nach und nach vergessen hatte. Es war, als hätte das wiederkehrende Schweigen die Basis meiner Persönlichkeit ausgelöscht. Mein von außen auferlegtes Schweigen, das damit begonnen hatte, dass ich eventuell schwierige Fragen mied – wie die nach dem Tod meines Vaters –, war unversehens zu einem inneren Schweigen geworden.

Wer auch sich selbst gegenüber zu lange schweigt, empfindet bald eine gespenstische innere Leere. Es ist eine Art dumpfe Stille, die dir signalisiert, dass du von innen her ausgehöhlt wirst. In manchen Kulturen wird dieser Zustand als ideal angesehen. Manche Menschen schätzen es, ihren Verstand einzuschläfern und die wiederkehrenden Fragen und Gedanken des modernen Lebens zu verdrängen.

Im Laufe der Jahre habe ich oft miterlebt, wie Freunde sich dazu entschlossen, dem Leben den Rücken zu kehren, um eine Art innere Ruhe oder inneren Frieden zu finden.

Aber da ist noch eine andere Form des Schweigens, Saif, die ich das islamische Schweigen nenne. Vielleicht wäre es auch treffender, sie als religiöses Schweigen oder gemeinschaftliches Schweigen zu bezeichnen, denn diese Form des Schweigens liegt nicht im Wesen unserer Religion, sondern manifestiert sich nur im Verhalten einiger unserer religiösen Führer und selbsternannten Sprecher. Dieses Schweigen entsteht durch unsere Weigerung, uns den schwierigen Fragen, die im Laufe eines Menschenlebens zwangsläufig auftauchen, zu stellen und sie zu beantworten – egal, welcher Religion oder Ideologie wir anhängen. Es ist das Schweigen, das sich ausbreitet, wenn wir angesichts schwieriger Fragen nicht nach Antworten suchen, sondern uns selbst und den Fragensteller stattdessen beschwichtigen, indem wir lang und breit erörtern, dass wir andere nicht provozieren, uns in der Öffentlichkeit verantwortungsvoll zeigen und auf keinen Fall riskieren sollten, andere mit dem Anschneiden schwieriger Themen zu beleidigen.

Als Muslim empfinde ich eine solche Einstellung als entwürdigende Bevormundung. Warum sollten wir als Muslime von den schwierigen Fragen des Lebens ausgenommen sein? Leugnen wir die Existenz dieser Fragen etwa? In einigen klaren Fällen tun wir das tatsächlich. Mir kommen da sofort zwei Beispiele in den Sinn. Das erste sind Fragen, die in den Bereich der Sexualität fallen. Wie sollen wir als Muslime auf die schwierige Behauptung reagieren, Homosexualität sei angeboren? Wie auf die Behauptung, wir könnten uns unsere sexuelle Orientierung nicht aussuchen? Wir wissen, der Islam hält in der Regel nicht viel von freien Entscheidungen. Aber was sagt er im Fall von Menschen, die sich ihre sexuelle Orientierung nicht ausgesucht, sondern sie entdeckt haben? Von irgendwelchen Diskussionen zu diesem Thema innerhalb des etablierten Islam ist mir nichts bekannt. Dennoch gibt es homosexuelle Muslime, und wir alle wissen das.

Der zweite Bereich, in dem wir problematischen Fragen aus dem Weg gehen, umfasst all das, was weltweit unter «familiären Werten» bekannt ist. Häufig wird es so dargestellt, als handle es sich dabei um Werte, die wir mit den Katholiken und anderen konservativen Gruppierungen in internationalen Foren teilten. Aber was wäre, wenn unsere «familiären Werte» furchtbare Ungerechtigkeiten verschleierten, die patriarchale Väter ihren Frauen und Kindern, insbesondere ihren Töchtern, antun? Was, wenn wir uns mit der Realität unserer familiären Werte auseinandersetzten und dabei feststellten, dass sie nur eine Fassade sind, hinter der sich die emotionale und physische Gewalt verbirgt, die sich in unserer Gesellschaft stillschweigend ausbreitet?

Das beharrliche Schweigen zu diesen beiden großen Themen hält uns auf.

Denn was geschieht, wenn wir uns und anderen auferlegen, zu diesen Themen zu schweigen? Was, wenn wir uns weigern, unserem Leben durch öffentlich geäußerte Meinungen Ausdruck zu verleihen? Was, wenn wir uns umsehen und plötzlich feststellen, dass unser Schweigen zu Ideenlosigkeit, Trägheit, schleichender Gedankenlosigkeit und einem stummen Verstand geführt hat?

Ich kann dir aus eigener Erfahrung sagen, Gedankenlosigkeit rächt sich, indem sich in deinem Kopf stillschweigend die Überzeugungen anderer breitmachen.

Als ich mir den Rat meiner Mutter, dem Schweigen etwas skeptischer gegenüberzustehen, endlich zu Herzen nahm, war ich 14. Ich hatte gerade eine Phase exzessiver Frömmigkeit oder, wie ich es gerne nenne, religiösen Schweigens hinter mir, in der ich meine alten Freunde, die keine Muslime oder nicht gläubig genug waren, verschmäht hatte. Dann erkannte ich in meinem religiösen Schweigen jedoch eine Art Selbstverkrüppelung. Ich bekam Panik und beschloss, meinen Verstand nicht länger zu betäuben. Ich hatte keine eigenen Meinungen mehr. Oder zumindest keine, für die ich wirklich eingestanden wäre. Fragen wehrte ich beständig mit «Das weiß ich nicht» oder «Ich bin mir nicht sicher» ab. Ich hatte schon so lange nicht mehr über bestimmte Themen nachgedacht, dass ich nicht wusste, wie ich wieder damit anfangen sollte. Ich wollte teilhaben. Ich wollte streiten, diskutieren und Leidenschaft für etwas entwickeln. Stattdessen saß ich bei den Diskussionen und verbalen Auseinandersetzungen, die um mich her stattfanden, immer nur am Rand.

Nachdem ich das in meinem Bestreben, ein guter Muslim zu sein, selbstauferlegte religiöse Schweigen wieder gebrochen hatte, entdeckte ich, dass Unsicherheit ebenfalls Schweigen verursachen konnte. Mit einem Mal hatte ich keine Gewissheiten mehr, an denen ich mich hätte festhalten oder mit denen ich hätte arbeiten können.

Ich war mir in meiner Frömmigkeit und Hingabe so sicher gewesen, dass meine einfachen und geradlinigen Überzeugungen von der Komplexität der Fragen, die sich plötzlich in mein Bewusstsein drängten, regelrecht erschüttert wurden. Worin konnte ich mir jetzt noch sicher sein? Und wenn ich mir in nichts mehr sicher war, worüber sollte ich dann sprechen?

Mir fehlte ein Ankerpunkt, und das ist sowohl emotional als auch intellektuell extrem gefährlich. In einer solchen Situation greifen Menschen nach jeder scheinbaren Gewissheit, nur um am Leben der anderen teilhaben zu können.

Sei auf der Hut vor dem Schweigen. Möchtest du in der realen Welt leben, in einer Welt voller Zorn, Gewalt, Liebe, Leidenschaft, Verantwortung und Beständigkeit, dann ist Schweigen nicht der richtige Weg. Du musst mit beiden Beinen auf dem Boden stehen und dich der Welt entgegenstemmen. Kämpfe mit den Elementen und sieh zu, wie die Welt deinem jungen Selbst eine Form gibt. Durch eine zielgerichtete Suche nach Erfahrungen wirst du mit der Zeit herausfinden, was dich und deine Persönlichkeit ausmacht. Damit meine ich, dass du losziehen und dich verantwortungsvollen Situationen stellen sollst. Besteige einen Berg. Arbeite als Freiwilliger mit Kindern in einem armen Land. Hilf einem Freund, der in Schwierigkeiten steckt. Setze dich für jemanden ein, der weniger privilegiert ist als du. Bringe jemandem das Lesen und Schreiben bei. Sprich in der Öffentlichkeit, und hör dir an, was die Menschen von dir halten. So wie ein Bildhauer nach und nach eine Skulptur aus einem Marmorblock schlägt, wirst auch du dein Selbstverständnis immer deutlicher und facettenreicher herausarbeiten. Sich in der Öffentlichkeit laut zu Wort zu melden und mit anderen zu sprechen, ist ein wichtiger Teil des Selbstfindungsprozesses. Und der wiederum ist unerlässlich, wenn du als Individuum Verantwortung in der Welt übernehmen willst. Durch das Sprechen definieren wir uns selbst und treten in Dialog mit anderen. Ohne irgendeine Form der Kommunikation kann es keine Gemeinschaft geben, und je weitreichender und komplexer wir diese gestalten, umso mehr nützen wir uns gegenseitig und uns selbst. Durch den kultivierten Einsatz von Sprache übernehmen wir die moralische Verantwortung für unsere Umwelt.

Saif, ich glaube, jeder Einzelne hat die Pflicht, mit anderen zu sprechen und seine Meinung frei zu äußern. Und ich glaube auch, dass wir als Araber einerseits offen und frei miteinander auf Arabisch sprechen müssen sowie andererseits mit Menschen außerhalb unseres Sprachraums, damit wir ein Gespür für ihre fremden Ideen, aufschlussreichen Metaphern und irritierenden Geschichten bekommen. Und schließlich bin ich auch davon überzeugt, dass wir uns als Muslime sowohl untereinander als auch mit Menschen anderen Glaubens offen und frei austauschen müssen, um unser Selbstverständnis und das Verständnis für andere zu vergrößern.

Das Problem mit der Moral etwas genauer betrachtet

Habibi Saif,

du wirst viele Muslime getroffen haben, die über den Zustand der muslimischen Welt den Kopf schütteln und murmeln: «All das würde nicht geschehen, wären die Leute echte Muslime.» Ich habe diesen und ähnliche Sätze in meinem Leben schon unzählige Male gehört. Er prangert die Korruption in muslimischen Ländern an oder weist auf die schleichende Ausbreitung eines «moralischen» Verfalls hin. Ähnliches hört man aber auch von jenen, die in irgendeiner Form für die Herrschaft des Islam eintreten. Eines der bekanntesten Beispiele hierfür ist der Wahlspruch «Der Islam ist die Lösung», der von der religiösen Partei der Muslimbruderschaft während ihrer langen Geschichte in Ägypten propagiert wurde. Ich habe mich immer gefragt: Wenn der Islam die Lösung ist, was ist dann das Problem? Aber genau das war der springende Punkt, denn das Argument lautete: Jedes Problem im Leben, sei es persönlicher, politischer, moralischer oder wirtschaftlicher Natur, lässt sich lösen, indem wir zu besseren Muslimen werden.

Die ägyptische Muslimbruderschaft – eine 1928 gegründete religiöse Partei – verfolgte diese Überzeugung bis ins Extrem, ohne sich allzu viele Gedanken darüber zu machen, wofür sie ihre politische Macht eigentlich einsetzen wollte oder wozu diese gut war. Das könnte letztlich auch der Grund dafür gewesen sein, weshalb sie ihren Einfluss in Ägypten fast ebenso schnell wieder verlor, wie sie 2012 an die Macht gekommen war.

Aber seien wir ehrlich. Der Wahlspruch war brillant. Viele Menschen glaubten damals daran und tun es noch heute. Ich selbst war als junger Mensch aus vollem Herzen davon überzeugt, auch wenn sich das mit den Jahren geändert hat. Ich will dir erklären, weshalb du meiner Ansicht nach auch ohne die Überzeugung, der Islam sei die Lösung für alles, ein frommer und gläubiger Muslim sein kannst.

Einer der extremsten Auswüchse dieser Überzeugung ist das Auftauchen des IS 2014 in Syrien und im Irak. Das entscheidende Argument, das der Ideologie des IS zugrunde liegt, lautet: Der Islam erlebte seine glorreichsten Zeiten – die Ära der Eroberungen, die islamischen Reiche, die großen intellektuellen Errungenschaften, den allgemeinen Wohlstand – unter einer vermeintlichen islamischen Herrschaft. Möchten wir in der modernen Welt zum Ruhm vergangener Zeiten zurückkehren, müssen wir demnach ein islamisches Herrschaftssystem ausrufen, das alle Lebensbereiche abdeckt. Und welcher Logik folgt dieses Argument? Wenn ein bisschen Islam gut ist, dann ist mehr Islam besser, und wenn mehr Islam besser ist, muss der absolute Islam das Beste sein. Wer in der heutigen muslimischen Welt könnte sich diesem Argument verweigern?

Schauen wir uns den IS etwas genauer an, um zu begreifen, welche Probleme und welche Lösungen dieser Ansatz birgt. Der IS ist ein Paradebeispiel des unkontrollierten, ungezügelten Enthusiasmus für eine alles umfassende Staatsreligion. In der arabischen und islamischen Welt mag die generelle Haltung des IS daher als durchaus richtig erscheinen – auch wenn die extreme Gewalt und Aggressivität durchaus deplatziert anmutet.

Aber wie kann so etwas überhaupt als richtig angesehen werden? Nun, das Modell, das der IS anbietet, war in der islamischen Welt schon einmal erfolgreich – wenn auch vor sehr langer Zeit. Alte Modelle wiederzuerwecken, die bedeckt vom Staub der Geschichte weder einfach zu belegen noch zu widerlegen sind, ist ein cleverer Schachzug des IS – gerade in traditionellen muslimischen Gesellschaften, in denen wir alle gerne ein wenig mehr Erfolg auf globaler Ebene hätten, als wir momentan haben. Die einfache und geradlinige Vorstellung von einer muslimischen Lebensweise, die alles bestimmt – Politik, Gesellschaft, Wirtschaft und Moral – übt eine gewisse Anziehungskraft auf bestimmte Gruppierungen aus.

Daher weigern sich maßgebliche islamische Persönlichkeiten und Gruppierungen auch, den IS zu verdammen, mit der Begründung, der IS bestehe aus Muslimen, auch wenn diese sich in manchen Dingen falsch verhielten. Eine solche Haltung ist wirklich sehr bedauerlich, passt aber zu einigen recht weit verbreiteten Auslegungen des Islam, die äußerst besorgniserregend sind. Akzeptieren wir den IS als eine mögliche Lösung, müssen wir uns als Muslime Gedanken machen, welche Probleme seine Ideologie löst und welche sie schafft.

Der IS stellt die logische Fortsetzung der Argumentation «Der Islam ist die Lösung» dar, und zwar für all jene, die vor 2011 an den schwachen Leistungen und der Korruption der arabischen Regierungen verzweifelten. Er vertritt eine Position, die vergleichbar ist mit der Forderung nach der Wiedereinführung der Scharia, also des traditionellen Gesetzes des Islam, wie es von Islamgelehrten über die Jahrhunderte festgelegt worden ist, als einzig geltendes Gesetz.

Tatsächlich verspricht uns der IS, sobald wir nur alle bereit wären, im Namen Allahs zu handeln, die Gesetze des Islam anzuwenden und dafür zu sorgen, dass die muslimische Bevölkerung des auserwählten Gebiets die richtige Gesinnung habe, würde Allah sich einschalten und alle Probleme der modernen arabischen Muslime aus der Welt schaffen – den Mangel an Bildung, die Armut, den Hunger, das Leiden und die Schwäche.

Das wirklich Clevere an diesem Modell – das auch von der Muslimbruderschaft offen propagiert wird – ist, dass jeder Fehlschlag ganz einfach einem Mangel an Glauben und Frömmigkeit in der Bevölkerung zugeschrieben werden kann. Mehr braucht es nicht. Jedes Versagen und jeder Misserfolg fällt ganz einfach auf uns selbst und unsere unzureichende Frömmigkeit zurück.

Dieses Modell finden wir aber nicht nur im Islam – in der Muslimbruderschaft oder beim IS. Es ist ein sehr altes Modell, das auf der Überzeugung fußt, die göttliche Macht errette stets jene, die es wert seien, errettet zu werden. Zusätzlich gestützt wird dieses Modell durch das Verschmelzen aller Lebensbereiche mit der Religion. Das ist das direkte Resultat der islamistischen Einheit von menschlicher Existenz und Religion.

Ist die Religion das Leben, ist der Mensch dem göttlichen Zorn oder Wohlwollen machtlos ausgeliefert.

Das nachfolgende Beispiel ist eine berühmte Überlieferung aus dem Leben des Propheten Mohammed, der an ein paar Leuten vorbeikam, als diese gerade Dattelpalmen bestäubten. Der Prophet sah sie und sagte: «Die Datteln wachsen auch schön, wenn ihr das nicht tut.» Also folgten sie seinem Rat und unterließen die Bestäubung, woraufhin die Dattelernte sehr schlecht ausfiel.

Als der Prophet dieselben Leute wiedertraf, fragte er sie angesichts ihrer Missernte: «Was fehlt euren Dattelpalmen?» Sie erklärten ihm, sie hätten auf seinen Rat hin die Datteln nicht bestäubt, und er antwortete: «Ihr kennt die Angelegenheiten eurer Welt besser.»

Betrachten wir das Göttliche selbst als getrennt von der

göttlichen Schöpfung und begreifen die Religion als mit dem Leben verbunden, aber nicht mit ihm identisch, dann eröffnet uns das die Möglichkeit eigenverantwortlichen Handelns. Aus dieser Position heraus können wir ein neues politisches System errichten, das der Religion ihren Einflussbereich zugesteht, dabei aber jene Bereiche ausklammert, in denen sich jeder Mensch mit all seinem Verstand und seiner körperlichen Energie einbringen sollte. Oder einfacher ausgedrückt, die prinzipielle Einstellung «Hilf dir selbst, so hilft dir Gott» hat auch in der Tradition des Islam ihren Platz.

Im Kampf um die unterschiedlichen Positionen innerhalb des Islam ist dies die entscheidende Schlacht. Wir müssen um unsere Eigenverantwortung kämpfen und die Probleme, über die wir uns beschweren, selbst in die Hand nehmen. Denn es geht weniger darum, welche Position am Ende gewinnt, als vielmehr darum, miteinander um eine gemeinsame Position zu kämpfen. Wenn wir unsere unterschiedlichen Positionen diskutieren, ist es extrem wichtig, uns die möglichen Konsequenzen dieser Positionen offen ins Gesicht zu sagen. Denn sollte die Konsequenz einer bestimmten Haltung die sein, in einem gescheiterten Staat mit durchgeschnittener Kehle zu enden, getötet von selbsternannten Helden des Islam, die sich für frommer halten als der Rest von uns, dann sollten wir das vorher wissen. Ich bin sicher, die meisten Muslime würden ein von Machthunger getriebenes Blutvergießen ablehnen, wenn sie es könnten. Bei unserer Suche nach neuen Möglichkeiten für die muslimische Welt ist es unabdingbar, uns auch die Folgen und Auswirkungen klar zu machen. Die Geschlossenheit unserer Vision und die Klarheit unserer Analyse werden für die Zukunft der muslimischen Welt entscheidend sein. Wir müssen begreifen, dass Religiosität uns zwar weit bringen kann, wir uns aber nicht darauf verlassen können, dass Allah uns versorgt, unsere Probleme löst und unsere Kinder ernährt, erzieht und einkleidet. Denn das würde bedeuten, Allah als selbstverständlich anzusehen. Um die Lage der Muslime zu verbessern, können wir nur das tun, was auch alle anderen Völker dieser Erde tun: hart arbeiten, in unsere Bildung investieren und uns den schwierigen Fragen des Lebens stellen.

Der Islam ist die Antwort, weil er uns auffordert, die Verantwortung für unser Leben selbst zu übernehmen.

Das muslimische Individuum

Habibi Saif,

in all den Briefen, die ich dir geschrieben habe, geht es immer wieder um Verantwortung und Entscheidungsfreiheit. Manchmal schreibe ich ganz offen und direkt darüber, manchmal belasse ich diese Themen im Hintergrund. Für unser Selbstverständnis als Individuum ist es zentral, unser Handeln frei zu bestimmen und die Verantwortung dafür zu übernehmen. Natürlich ist auch die Gemeinschaft wichtig. Die Familie, die Sippe, der Stamm – sie alle helfen uns dabei, uns in der Welt zu verorten. Dennoch möchte ich nicht, dass du dich hinter den Positionen oder Errungenschaften anderer versteckst. Ich möchte, dass du dich zu einem eigenständigen Menschen entwickelst, der klar äußern kann, was er glaubt, was er mit seinem Leben anfangen will und was er in Zukunft tun wird. Ich möchte, dass du und deine Generation euch von den angeblich in Stein gemeißelten Traditionen, Sitten, Gebräuchen und Ritualen distanziert und überlegt, was davon eurer Ansicht nach tatsächlich vernünftig ist. Was haltet ihr von all diesen Vorschriften und Geboten? Ist irgendetwas davon noch sinnvoll? Und wenn nicht, was ist es dann? Darüber zu entscheiden, ist eure Aufgabe.

Ich glaube, was wir ganz generell brauchen, ist die Vision eines besseren muslimischen Individuums und einer besseren muslimischen Welt. Unglücklicherweise hat das Individuum, soweit ich das beurteilen kann, in den Plänen der wichtigsten muslimischen Gruppierungen derzeit keinen Platz – ausgenommen vielleicht als Kanonenfutter für die Dschihad-Kampagnen, zu denen einige unserer extremen religiösen Führer aufrufen.

Wann hast du je vom muslimischen Individuum oder einem muslimischen Individualismus gehört, Saif? Wir sprechen von der arabischen Nation, der islamischen *Umma*, den Rechtgeleiteten oder *den* Arabern. Aber hast du je von einem muslimischen Individuum als separater Einheit reden hören, als einem lebendigen Wesen, als Mensch mit eigenem Charakter und einer Persönlichkeit, die sich von der anderer unterscheidet?

Der Begriff islamische *Umma* – oder Gemeinschaft – wurde in der Zeit des frühen Islam vom Propheten Muhammed geprägt und für jene Stammesgemeinschaften benutzt, die in erster Linie durch die Religion vereinigt waren. Der Prophet sprach von der *Umma* oder der muslimischen Gemeinschaft. Damals war dieser zusammenfassende Begriff sinnvoll, da die Gruppe von Anhängern, die der Prophet um sich versammelt hatte, so groß geworden war, dass man durchaus von einer Gemeinschaft sprechen konnte. Während die *Umma* wuchs und sich weiterentwickelte, veränderte sich jedoch etwas. Ohne es zu bemerken, sprachen wir Muslime von der *Umma* mit einem Mal wie von etwas, das getrennt von uns existierte – gerade so, als wäre die Gemeinschaft wichtiger als die Individuen, aus denen sie sich zusammensetzt. In der heutigen Welt hat die *Umma* sehr viel Macht, und manchmal sind wir uns nicht einmal mehr bewusst, dass gewisse Entscheidungen nicht von uns selbst, sondern von den führenden Sprechern des Islam für uns getroffen worden sind. Die Idee der *Umma* ist in der modernen Welt hochpolitisiert und vermischt Religion und Staat nach Belieben, sodass der Glaube des Einzelnen Teil der politischen Macht wird – einer Macht, die in Menschenleben eingreift und Kriege führt.

Ich will dir an einem Beispiel zeigen, Saif, wie die Idee der muslimischen *Umma* so mächtig werden konnte und wie bestimmte politische Gruppierungen versuchen, das für ihre Zwecke zu nutzen.

In der modernen Welt propagiert auch die Muslimbruderschaft die *Umma* und erhebt wie viele andere muslimische Organisationen den Anspruch, für sie zu sprechen. Die Muslimbrüder behaupten, die Interessen der *Umma* zu kennen und somit entscheiden zu können, welche Opfer der gewöhnliche Muslim bringen muss, um die Macht und den Erfolg der *Umma* zu vergrößern.

Auch der IS behauptet, den Islam und die *Umma* zu verteidigen. Es ist, als hätte man die weltweite Gemeinschaft der Muslime gleich mehrfach in Geiselhaft genommen. Selbsternannte Führer sprechen im Namen der muslimischen Gemeinschaft, ohne uns je gefragt zu haben, was wir, die Muslime, von ihren Stellungnahmen halten.

Dieselben Leute etablieren auch eine Gegensätzlichkeit von islamischer Welt und westlicher Welt, von Islam und Kapitalismus, von Islam und Imperialismus, und ehe man sich's versieht, steht die Islamisierung gegen die «Verwestlichung». In der arabischen und muslimischen Welt tobt seit Jahrhunderten eine Schlacht der Ideologien: Individuum versus Gruppe, Tradition versus Moderne, Religion versus Lebensrealität. All diese kleinen Scharmützel werden heute zur großen Schlacht des Islam gegen den Westen zusammengefasst. Du solltest dir dieses Machtkampfs bewusst sein und darüber nachdenken, ob er wirklich notwendig ist.

Die Mechanismen eines kategorischen Dualismus zwischen dem Islam und dem Westen werden uns als die beste Methode zum Schutz unserer Religion und der Identität der *Umma* präsentiert.

Im fiktiven Kampf des Islamismus gegen die «Verwestlichung» zählt die Stimme des Einzelnen sehr viel weniger als die Stimme der Gruppe. Es hat seinen Grund, weshalb es merkwürdig klingt, vom muslimischen Individuum zu sprechen. Wir sind jahrelang darauf getrimmt worden, die Gemeinschaft über den Einzelnen zu stellen. Das muslimische Individuum – das klingt so unnatürlich, irgendwie einsam und verzweifelt. Es ist, als existiere das Individuum in unserer muslimischen Weltanschauung als gedankliche Kategorie gar nicht. Vielleicht übertreibe ich ja auch, aber wenn ich die Worte vor mich hinspreche, beschleicht mich dieses Gefühl immer wieder.

Und wenn ich nicht übertreibe? Ich denke, wir Muslime könnten viele unserer Probleme und wiederkehrenden Dilemmas lösen, indem wir dieses fehlende Stück in unsere Weltanschauung integrierten. Könnte eine öffentliche Debatte über die Bedeutung des Individuums in der muslimischen Welt nicht den geistigen und vielleicht auch sozialen und politischen Raum schaffen, der zur Regenerierung der muslimischen Gesellschaft nötig wäre? Was, wenn wir dank eines Austauschs über die Möglichkeit eines muslimischen Individuums auch beginnen könnten, über persönliche Verantwortung und persönliche moralische Entscheidungen zu sprechen? Oder über die Würde des Einzelnen und den Respekt, den wir jeder Person entgegenbringen sollten, anstatt der Familie, dem Stamm, dem Glauben oder der Religionsgemeinschaft?

Was wäre, wenn wir – nur für einen Moment – aufhörten, uns nicht ausschließlich als Gruppe und gegenüber der Moschee, der Religionsgemeinschaft oder der *Umma* verantwortlich zu fühlen? Vielleicht könnten wir, indem wir uns selbst – und anderen – Verantwortung zuschreiben, noch einmal von vorne anfangen. Anstatt uns gegenseitig nach Familienname, Stammbaum und Religionszugehörigkeit zu fragen, könnten wir uns als Individuen respektieren, unabhängig von unserem jeweiligen persönlichen Hintergrund. Und um die Frage noch auf eine ganz profane Ebene herunterzubrechen: Könnte uns die Auseinandersetzung mit dem muslimischen Individuum nicht einen besseren Einblick in die Missstände geben, die in unserem Bildungssystem, Gesundheitswesen, auf unserem Arbeitsmarkt und natürlich auch in unseren politischen Systemen herrschen?

Selbst wenn ich mich mit meiner Diagnose täuschen sollte und das muslimische Individuum in unserer Gesellschaft doch nicht vollständig abwesend ist, so ist mir in den Jahren seit dem 11. September 2001 doch immer klarer geworden, dass es ein großer Gewinn wäre, es in der muslimischen Weltanschauung zumindest mehr in den Vordergrund zu rücken. Vielleicht ist es an der Zeit, in die Tiefen unserer Kultur und Politik abzutauchen und darüber nachzudenken, ob das Individuum nicht der beste Ausgangspunkt für eine Diskussion zu Fragen der Politik, der Wirtschaft, der Sicherheit und des globalen Friedens wäre.

Sobald du und deine Generation euch selbst und andere als Individuen begreift, könnt ihr mit dem Aufbau einer besseren Gesellschaft beginnen. Denn nur wenn ihr euch als Individuen wahrnehmt, werdet ihr der irrsinnigen Zahl von Menschen gedenken können, die infolge von Bürgerkriegen und Selbstmordattentaten in der arabischen und muslimischen Welt ihr Leben verloren haben. Erst wenn ihr in der Lage seid, anstelle einer abstrakten Zahl die Namen,

Fotografien und Lebensgeschichten eines jeden Einzelnen zu betrauern, der unserer Dummheit zum Opfer gefallen ist, werdet ihr euch auf den Weg in eine bessere Gesellschaft machen, die sich weiterentwickeln und die uns inzwischen so vertraut gewordene Ohnmacht des Todes und der Zerstörung hinter sich lassen kann. Das würde keineswegs einem von den Muslimen so gefürchteten Totenkult gleichkommen. Vielmehr würden wir damit unsere Verantwortung anerkennen und die Ehre und Würde ihres Lebens und ihres Todes bewahren.

Dies stellt eine große Herausforderung dar, der du und deine Generation aber wirkungsvoll begegnen könnt, indem ihr auf eure ganz individuelle Art zu wahren Muslimen werdet. Euer Wesen wird bestimmt von euren Entscheidungen und eurem Handeln.

Ihr müsst euer Schicksal und euer Leben selbst in die Hand nehmen und damit anfangen, Schritt für Schritt eure Persönlichkeit zu formen.

Saif, ich bin fest davon überzeugt, dass eine Anerkennung des muslimischen Individuums der einfachste und effektivste Teil einer Regenerierung der islamischen Welt wäre. Wir müssen für eine glanzvolle Zukunft keine Bomben bauen, Regime errichten oder religiösen Kulte etablieren, die uns die Rückkehr zu einer glorreichen Vergangenheit versprechen. Schon möglich, dass unsere individuellen Interessen nicht unbedingt jenen des Oberhaupts der Familie, des Stammes, der Gemeinschaft oder des Staates entsprechen, aber indem jeder Muslim seiner Individualität Ausdruck verleiht, werden mehr Leidenschaft, Verständnis und Mitgefühl in unsere Gesellschaft fließen und diese wieder ins Gleichgewicht bringen.

Gelingt es dir, die individuelle Vielfalt deiner muslimischen Brüder und Schwestern zu akzeptieren, gelingt dir das wahrscheinlich auch bei Menschen anderen Glaubens. Wir Muslime und Araber sind nicht die Einzigen auf dieser Welt, daher müssen und sollten wir auf unserem dicht bevölkerten Planeten in Harmonie mit anderen leben. Doch solange wir das Individuum innerhalb unserer eigenen Gesellschaft nicht wahrnehmen, werden wir auch mit der menschlichen Vielfalt außerhalb unseres Glaubens nicht leben können.

Ich schließe diese Briefe mit dem Wunsch, dass du dir stets deine Würde, Individualität und geistige Unabhängigkeit bewahrst. Denn wenn dir das gelingt, ist die Wahrscheinlichkeit sehr viel größer, dass du erkennst, wie das Leben ist und wie es sein kann. Du wirst selbst entscheiden, welchen Weg du gehen willst. Aber du sollst auch die Würde, Individualität und geistige Unabhängigkeit anderer anerkennen. Denn setzt du bei anderen dasselbe voraus wie bei dir selbst, gibst du ihnen die Möglichkeit, die Herausforderung ebenfalls anzunehmen, sich auszudrücken und unsere höchsten Standards zu erfüllen. Und nun geh und schreib deine eigenen Briefe.

Dank

Beim Schreiben dieses Buches haben mir sehr viele Menschen geholfen, die es zum Teil nicht einmal wissen. Ausdrücklich bedanken möchte ich mich bei meiner Frau und meinen Kindern, die mich täglich inspiriert und dafür gesorgt haben, dass ich die Bodenhaftung nicht verliere. Ich danke Andy Eley, Andy Brown, Darren Mortimer, David Ross sowie der berühmt-berüchtigten Volodya dafür, dass sie mir zugehört haben, obwohl sie das nicht mussten. Herzlichen Dank an Emily Goodrich, die mir unglaublich geholfen hat, als ich den Überblick über die vielen Seiten Text verloren hatte, und an Karen Wolny, die eine so großartige und ermutigende Lektorin war. Auch Macmillan und Picador sowie Stefan von Holtzbrinck bin ich äußerst dankbar für ihr Vertrauen in das, was ich zu sagen hatte. Und zu guter Letzt danke ich Matt auf seinem verschneiten Berg für all die genialen und unkonventionellen Denkanstöße.